ELOGIOS PARA

O Deus Que Eu Não Conhecia

"Na hora em que a sede espiritual cresce, é necessário um esclarecimento prático para evitar a confusão à qual muitos são vulneráveis. É um prazer afirmar a sabedoria, a verdade e a integridade com que Robert Morris se comunica, ensina e vive. Eu não conheço outro líder hoje mais confiável e que possua o amor genuíno que Robert tem pelas pessoas. Você não encontrará pessoa melhor para lhe apresentar a amizade que podemos ter com o Espírito Santo do Deus vivo."

— JACK W. HAYFORD

FUNDADOR E PRESIDENTE DA THE KING's UNIVERSITY.

"Eu tenho aprendido com Robert Morris sobre o Espírito Santo mais do que com qualquer outro pastor. Seu conhecimento sobre esse assunto importante nos motiva, nos ensina e nos equipa para abraçar a terceira pessoa da Trindade e nos leva a um novo tempo de adoração."

— BRADY BOYD

PASTOR TITULAR DA NEW LIFE CHURCH E AUTOR DE *FEAR NO EVIL*.

"Muita controvérsia e confusão têm rodeado a questão do Espírito Santo. De fato, muitas pessoas não entendem quem Ele é. Em *O Deus Que Eu Não Conhecia*, Robert Morris esclarece esses equívocos de forma brilhante e apresenta o Espírito Santo como alguém que você desejará ter como seu melhor amigo."

— CHRIS HODGES

PASTOR TITULAR DA CHURCH OF THE HIGHLANDS EM BIRMINGHAM, NO ALABAMA.

"*O Deus Que Eu Não Conhecia* nos oferece um conhecimento transformador de vida sobre o mistério do Espírito Santo. Se você tem dúvidas sobre o Espírito Santo, o livro de Morris o deixará à vontade e o ajudará a conhecer e a amar nosso consolador, ajudador e amigo."

— Craig Groeschel

Pastor titular da LifeChurch.tv e autor de *Weird*.

"Em *O Deus Que Eu Não Conhecia*, meu amigo Robert Morris captura o grande poder, a amizade e o tesouro que Deus nos deu na pessoa do Espírito Santo. Ele desmistificará os equívocos comuns associados a essa parte da Divindade e evocará uma paixão profunda e um amor por Deus em cada leitor. Não importa onde você esteja em sua caminhada com o Senhor, este livro intensificará seu relacionamento com Ele."

— Stovall Weems

Pastor titular da Celebration Church em Jacksonville, na Flórida, e autor de *Awakening*.

"O pastor Robert Morris descreve o Espírito Santo de uma maneira que não faz com que queiramos fugir Dele ou pensemos que Ele é a parte assustadora e a menos importante da Trindade. *O Deus Que Eu Não Conhecia* faz um trabalho incrível de não apenas descrever quem o Espírito Santo é, mas também de nos fazer desejar mais de Seu agir em nossa vida. Essa é uma das abordagens mais equilibradas sobre o papel do Espírito Santo que eu já vi. Você tem que ler este livro!"

— Perry Noble

Fundador e pastor titular da NewSpring Church.

O Deus Que Eu Não Conhecia

Outros Livros de Robert Morris

Uma Vida Abençoada
O Poder das Suas Palavras
Um Casamento Abençoado

ROBERT MORRIS

Como a Amizade Verdadeira com o
Espírito Santo Pode Transformar Sua Vida

O DEUS
QUE EU NÃO
CONHECIA

LAN
EDITORA

Rio de Janeiro, 2013
www.edilan.com.br

DEUS QUE EU NÃO CONHECIA
por Robert Morris
Editora Luz às Nações Ltda. ©2013

Coordenação Editorial: *Equipe Edilan*
Tradução e Revisão: *Equipe Edilan*

Publicado no Brasil pela Editora Luz às Nações, Rua Rancharia, 62, parte — Itanhangá — Rio de Janeiro, Brasil CEP: 22753-070. Tel. (21) 2490-2551. 1ª edição brasileira: maio de 2015. Todos os direitos reservados.

CIP-BRASIL. CATALOGAÇÃO-NA-FONTE
SINDICATO NACIONAL DOS EDITORES DE LIVROS, RJ

M858d
    Morris, Robert (Robert Preston), 1961-
    O Deus que não conhecia : como a amizade verdadeira com o Espírito Santo pode transformar sua vida/ Robert Morris ; [tradução: Mylena de Araujo Cardoso]. - 1. ed., reimpr. - Rio de Janeiro, RJ : Luz às Nações, 2013.
    175 p. ; 23 cm.
    Tradução de: The God I never knew
    Apêndice
    Inclui índice
    ISBN 978-85-99858-49-3
    1. Espírito Santo. 2. Vida cristã. I. Título.

13-00460   CDD: 231.3
                         CDU: 27-144.896

Esse livro é dedicado a dois dos meus pais espirituais, o pastor Olen Griffing e o Dr. Jack Hayford, que me mostraram através das Escrituras e de suas vidas diárias que podemos ter um relacionamento vibrante e particular com o Espírito Santo, e que as pessoas que creem na pessoa e na obra do Espírito Santo podem ser doutrinariamente sãs, genuinamente humildes e não esquisitas!

Sumário

O Deus Que Eu Não Conhecia

As batidas na porta assustaram Irene Adkins. A bisavó de 79 anos de idade não esperava visitas. Uma espiada cautelosa através do olho mágico revelou um senhor grisalho e bem vestido com um rosto gentil que lhe parecia um pouco familiar. Era alguma coisa no nariz e nos olhos. Quando ela abriu a porta, sua certeza aumentou – aquele estranho definitivamente a lembrava de alguém. Mas quem?

Levaria algum tempo até que ela percebesse que o rosto daquele homem realmente tinha uma surpreendente semelhança com um rosto que ela conhecia muito bem – o dela mesma. Seu irmão de 73 anos, Terry, havia ido lhe fazer uma visita surpresa. Foi bem surpreendente, pois Irene nunca soube que tinha um irmão.

Em 1932, no abismo da Grande Depressão, um casal inglês desesperado e confuso separou o velho trailer de seu carro, abandonou-o no acostamento da estrada e foi embora. A polícia encontrou, mais tarde, três crianças pequenas e famintas dentro dele. Irene, com 10 meses, era a mais nova. Elas foram colocadas em lares adotivos diferentes e cresceram sem saber da existência dos irmãos. No entanto, aquele jovem casal alcançou certa estabilidade alguns anos depois e tiveram outro bebê – seu filho, Terry.

Quando Terry tinha 14 anos, seus pais lhe revelaram seu segredo vergonhoso. Contaram a ele sobre a situação desesperadora em que se encontravam e a decisão dolorosa de abandonar o trio de bocas famintas que não podiam alimentar. Logo em seguida, Terry iniciou sua busca de encontrar seus irmãos, especialmente a irmã a quem seus pais haviam chamado de Irene. Ele procurou em vão por quase 60 anos. Daí então ocorreu um grande progresso – ele descobriu o nome da agência que havia colocado Irene e seus irmãos em lares adotivos. Pouco tempo depois, chegou o dia – 3 de abril de 2010 – quando Irene Adkins descobriu o maravilhoso irmão que não conhecia. Com essa descoberta, a órfã encontrou uma fonte de respostas para as perguntas que havia carregado em seu coração por toda sua vida.

Acho que sei como Irene se sentiu. Algumas décadas atrás, após muitos anos lutando para viver a vida cristã e ainda trabalhando "com sucesso" no ministério integral, finalmente descobri o Deus que eu não conhecia. E, com essa descoberta, não encontrei apenas a fonte de respostas para cada uma das minhas perguntas, mas também um querido amigo. Aquele que tornou minha vida mais abundante, plena e mais emocionante do que eu já sonhei.

Estou me referindo, é claro, a Deus – o Espírito Santo.

Um Relacionamento Maravilhoso

Eu cresci na igreja, mas essa igreja pertencia a uma denominação que evitava mencionar o Espírito Santo sempre que possível. Nossos líderes denominacionais O tratavam como se Ele fosse aquele tio maluco que aparece nas festas de família de vez em quando e choca a todos com seu comportamento inapropriado. Não podemos evitar ser parente dele, mas esperamos que fique longe se não mencionarmos o seu nome ou se não lhe enviarmos um cartão de Natal.

Na verdade, muitos anos atrás, quando eu me preparava para sair de casa a fim de ir para o seminário teológico, meu pastor tinha uma palavra de conselho para mim antes de eu partir. Eu havia aceitado Jesus recentemente e estava queimando de desejo por servi-Lo. Então, estava ansioso para ouvir a palavra de encorajamento que meu pastor me daria, já que eu estava iniciando um novo tempo de aprendizado e preparação para o ministério.

Seu único conselho foi: "Cuidado com as pessoas que falam sobre o Espírito Santo".

Naquela época, eu não sabia de muita coisa. Então, simplesmente balancei a cabeça e guardei aquele conselho em minha mente. Hoje – após vinte e cinco anos descobrindo a pessoa maravilhosa, amável, gentil e sábia que o Espírito Santo é; após desenvolver uma amizade íntima com Ele, que tornou minha vida melhor e mais gratificante de inúmeras maneiras; após ver o Espírito Santo ajudar e abençoar as pessoas – sinto pesar ao pensar no conselho do meu pastor. Para ser franco, sinto-me ofendido.

É claro, muitos de nós nos sentimos ofendidos quando alguém pensa mal de uma pessoa a quem amamos e respeitamos, especialmente quando a opinião é baseada em mentiras ou em mal-entendidos. Estou certo de que você já teve a experiência de ouvir coisas ruins sobre alguém e com isso formar uma impressão negativa sobre aquela pessoa, mas depois a conheceu e descobriu que ela não era nada daquilo que você imaginava.

Se você é como a maioria das pessoas, provavelmente já foi mal informado sobre o Espírito Santo até certo ponto. Em mais de vinte cinco anos de experiência no ministério, tenho visto em primeira mão que a maioria dos cristãos tem uma visão distorcida, incorreta ou incompleta do terceiro membro da Trindade. Na verdade, muitos crentes frustrados estão como Irene Adkins esteve na maior parte de sua vida – totalmente sem saber que uma pessoa amorosa e maravilhosa gostaria de conhecê-la e de preencher sua vida vazia com coisas boas. Muitos têm se entregado à derrota perpétua em suas lutas contra a tentação ou tropeçando pela vida, tomando decisões com nada além de sua própria razão imperfeita para guiá-los. Outros vivem um tipo de cristianismo tedioso e sem poder, completamente em desacordo com a figura da vibrante, vitoriosa e progressiva igreja do livro de Atos.

A vida plena e dinâmica que Jesus prometeu aos crentes é o desenvolvimento natural da amizade íntima com Deus, o Espírito Santo. Hoje tenho um relacionamento maravilhoso com o Espírito Santo, apesar de não ter sido sempre assim. Quando terminarmos de explorar este tópico, você perceberá que também pode ter um relacionamento incrível com Ele.

> A vida plena e **DINÂMICA** que Jesus **PROMETEU** aos crentes é o **DESENVOLVIMENTO NATURAL** da amizade íntima com Deus, o **ESPÍRITO SANTO**.

PARTE 1

Quem É Essa Pessoa?

Ajudador

Assim como muitos recém-casados, Debbie e eu não tínhamos muito no início. Até mesmo os bens que podíamos chamar de nossos haviam sido antes de nossos pais.

Nossa situação financeira melhorou após alguns anos de casados e, certo dia, Debbie me perguntou se poderia comprar um edredom novo. O nosso estava tão desbotado e surrado que praticamente dava para ler um jornal através dele. Como um típico homem, pensei que iríamos comprar um edredom simples. Então, quando fomos comprar, fiquei surpreso ao descobrir que o edredom que a Debbie tinha em mente custava o preço de uma casa nova. É claro que estou exagerando. Mas o edredom grande, macio, fofinho e colorido que compramos era muito mais luxuoso e bonito do que eu poderia ter imaginado.

Apesar do custo, eu estava empolgado com a nossa nova aquisição. No dia em que o compramos, várias vezes eu me peguei imaginando como seria me esconder debaixo da proteção daquele edredom e ficar envolvido pelo seu calor e conforto.

Na hora de dormir, fui ao nosso quarto e, para meu espanto, o lindo edredom novo não estava lá. Com minha melhor voz exasperada, mas perplexa, perguntei a Debbie: "Amor, cadê o edredom novo?"

Ela olhou para mim com aquele olhar. Você sabe, aquele olhar de "não acredito que você seja tão tolo". A verdade é que, sim, às vezes, nós maridos podemos ser tão tolos! Percebendo o grau da minha tolice naquele momento, ela explicou: "O edredom novo não é para usar. É para decoração".

Durante os anos após aquela noite, acumulamos muitos itens domésticos que descobri que são apenas para decorar e não para usar.

Temos pratos que eu sou proibido de usar e taças chiques em que não me deixam beber. Temos lindas toalhas que você pode usar se estiver em nossa casa, mas *eu* não. Na verdade, agora mesmo no meu banheiro, há toalhas penduradas que sou proibido de usar.

Da mesma forma, foi dado a milhões de cristãos um presente que os protege e conforta – o Espírito Santo – mas O tratam como se Ele fosse apenas para decoração. Se pensarmos dessa forma, estaremos equivocados. O maravilhoso presente que é o Espírito Santo deve ser muito mais do que um detalhe ornamental em nossas vidas.

Apresentando Um Ajudador

Quem é o Espírito Santo? Essa é uma grande pergunta – tão grande como o próprio Deus.

Quando queremos conhecer alguém novo, na maioria das vezes, o primeiro passo é ser apresentado por alguém que já conhece bem aquela pessoa. Durante Seus anos de ministério na Terra, Jesus conhecia o Espírito Santo melhor do que qualquer homem poderia conhecê-Lo. Então, talvez o melhor lugar para aprender sobre o Espírito Santo inicia com Jesus e com as palavras que Ele usou para apresentar o Espírito aos discípulos, como relatado em João 14.

É interessante saber que os capítulos 14 a 16 do Evangelho de João contêm o registro da conversa de Jesus com Seus discípulos na Última Ceia. Jesus não está ensinando publicamente uma grande multidão de seguidores casuais e espectadores curiosos num monte da Galileia. Ele não está debatendo com os fariseus, nem falando em parábolas para os saduceus. Ao invés, Jesus está numa pequena sala, jantando com Seus amigos mais chegados. Ele sabe que em doze curtas horas, Ele será levado à morte na cruz. Nesse momento incrivelmente sério, um líder que sabe que está prestes a ser morto dá instruções e informações vitais a Seus seguidores.

Jesus inicia com palavras de consolo: "Não deixe que seus corações fiquem atribulados. Eu estou indo embora, mas voltarei" (paráfrase do autor). Depois, em João 14:16-17, Jesus chega ao ponto central do que Ele quer que aqueles homens entendam:

"E eu rogarei ao Pai, e Ele vos dará outro Ajudador, para que fique convosco para sempre, a saber, o Espírito da verdade, o qual o mundo não pode receber; porque não o vê nem o conhece; mas vós o conheceis, porque ele habita convosco, e estará em vós." (ARIB)

Não fique preso ao fato de que Jesus diz: "Eu *rogarei* ao Pai". Usar o verbo *rogar* dessa forma soa um pouco estranho para nossos ouvidos modernos. Porém, a palavra grega traduzida aqui como "rogar" é traduzida como "pedir" em muitas outras partes do Novo Testamento. Jesus está simplesmente dizendo: "Pedirei ao Pai, e Ele dará a vocês outro Ajudador".

Note a palavra "Ajudador". A pessoa que o Pai enviará parece misteriosa, mas Jesus diz aos discípulos que o papel e a natureza dela é "aju-dar". Jesus também lhes assegura de que o Ajudador não será um completo estranho: *"mas vós o conheceis"*, diz Jesus.

> A VERDADE de que o Espírito Santo vive em nós e conosco NOS GARANTE que NUNCA precisamos nos sentir SOZINHOS.

Como eles poderiam conhecer esse ajudador vindouro? Jesus explica dizendo: *"porque ele habita convosco, e estará em vós"*. O verbo *"habitar"* está no presente, enquanto a frase *"estará em vós"* está no futuro. No momento em que Jesus estava falando, os discípulos já haviam experimentado o Ajudador vivendo "com" eles de certo modo. No entanto, o Ajudador estava prestes a ser enviado de uma forma que faria com que Ele não só vivesse "com" eles, mas "dentro" deles.

Apesar de Jesus ter dito essas palavras a um pequeno grupo de Seus amigos e seguidores mais próximos, elas também são válidas para nós. A verdade de que o Espírito Santo vive em nós e conosco nos garante que nunca precisamos nos sentir sozinhos.

Como O Espírito Santo Ajuda

Que tipo de "ajuda" o Espírito Santo oferece? Jesus dá parte dessa resposta em João 14:25-26:

"Estas coisas vos tenho falado, estando ainda convosco. Mas o Ajudador, o Espírito Santo a quem o Pai enviará em meu nome, esse vós ensinará todas as coisas, e vos fará lembrar de tudo quanto eu vos tenho dito." (ARIB)

Essa é a segunda vez em que Jesus escolhe a palavra "Ajudador" para descrever Aquele a quem o Pai estava enviando. Aqui Jesus lista duas das muitas maneiras como essa pessoa irá ajudar.

Primeiramente, Ele *"ensinará todas as coisas"*. Que promessa incrível. Não existe assunto no qual Deus não seja especialista. Ele tem todas as respostas. A segunda forma como o Espírito Santo ajuda é nos fazendo *"lembrar de tudo quanto eu [Jesus] vos tenho dito"*. Essa é uma das razões pelas quais os Evangelhos são tão detalhados e de acordo com as palavras de Jesus. O Espírito Santo ajudou os discípulos a se lembrarem de tudo o que Jesus lhes havia dito.

JESUS DEVE PARTIR

Um pouco mais tarde, durante essa conversa com os discípulos, Jesus faz a terceira menção sobre a vinda do Conselheiro que será enviado pelo Pai:

"Quando vier o Ajudador, que eu vos enviarei da parte do Pai, o Espírito da verdade, que do Pai procede, esse dará testemunho de mim."
— João 15:26, (ARIB)

Note que Jesus O chama de *"o Espírito da verdade"*. Jesus apresenta o Espírito Santo a nós como a resposta definitiva para superar e desfazer a obra de satanás, o grande Enganador e "pai da mentira" (Jo 8:44). Por milhares de anos, desde a queda de Adão e Eva, a humanidade tropeçava na escuridão das mentiras do diabo. Mas Jesus, que declarou ser "o caminho, a *verdade* e a vida" (Jo 14:6), anunciou que enviaria um ajudador que tornaria possível viver uma vida livre do engano.

Em João 16, Jesus dá aos discípulos a apresentação mais completa sobre o Espírito Santo. "Aquele que será enviado é tão maravilhoso que é melhor para você que eu vá, senão Ele não poderá vir!". Essa é forma como eu gosto de parafrasear – aqui está a tradução real:

"Todavia, digo-vos a verdade, convém-vos que eu vá; pois se eu não for, o Ajudador não virá a vós; mas se eu for, vo-lo enviarei."
— *João 16:7 (ARIB)*

A primeira coisa que sempre chama minha atenção nessa passagem é que Jesus se sente compelido a dizer: "Agora, estou dizendo a verdade aqui". Ele sabia que as próximas palavras que falaria pareceriam inacreditáveis para os discípulos. Eles estavam arrasados com a ideia de que Jesus iria deixá-los. Eles O amavam, dependiam Dele. Ele era o líder que fazia milagres. Como poderia ser bom que Ele fosse embora? Então, Jesus imediatamente explica que apenas se Ele for para o Pai, o Ajudador poderá ser enviado.

> COMO poderia ser BOM que Ele fosse EMBORA?

Jesus continua explicando algumas outras formas como o Espírito Santo ajudaria, e as veremos em um instante. Mas agora, observe João 16:12-14. Aqui, Jesus diz:

"Tenho ainda muito que lhes dizer, mas vocês não o podem suportar agora. Mas quando o Espírito da verdade vier, ele os guiará a toda a verdade. Não falará de si mesmo; falará apenas o que ouvir, e lhes anunciará o que está por vir. Ele me glorificará, porque receberá do que é meu e o tornará conhecido a vocês."

Esses versículos contêm uma promessa maravilhosa. Jesus queria contar aos discípulos toda a incrível história que os aguardava mais a frente, mas Ele sabia que a verdade que desejava compartilhar iria apenas confundi-los e desnorteá-los naquele momento. Mas Ele tinha boas notícias. Quem melhor para compartilhar verdades importantes do que o Espírito da verdade? *"Quando o Espírito da verdade vier, ele os guiará a toda a verdade",* disse Jesus. *"Toda a verdade"*. Esse é um grande benefício da amizade com o Espírito Santo. Não é surpresa que Jesus se refira a Ele como o Ajudador.

Porém, Jesus ainda menciona outra forma de ajuda do Espírito Santo: *"e lhes anunciará o que está por vir"*. Deixe-me falar isso de uma forma diferente. Jesus está dizendo: "o Espírito Santo falará sobre o futuro". Não seria ocasionalmente útil saber o que encontraremos dobrando a esquina? Você já foi pego de surpresa por algum acontecimento e pensou consigo mesmo: *Se eu soubesse que isso ia acontecer, eu teria me preparado melhor?*

> JESUS está dizendo: "o Espírito Santo FALARÁ sobre o FUTURO".

Um dos líderes da igreja que pastoreio é um bom exemplo de como permitir que o Espírito Santo nos mostre as coisas que estão por vir. Steve construiu um grande e bem-sucedido negócio na ultracompetitiva indústria de construção, principalmente porque passa tempo sozinho com Deus regularmente e permite que Seu Espírito o direcione acerca de seus negócios.

Além de ter momentos diários de estudo bíblico e de adoração e oração em particular, Steve faz questão de fazer um retiro de alguns dias duas ou três vezes ao ano. Ele aluga uma cabana ou uma casa no lago e não leva consigo muito mais do que sua Bíblia e um caderno. Seu testemunho é que ele recebe instrução do Espírito Santo nessas sessões de comunhão particular sobre o que está por vir e sobre como lidar de acordo com isso em seus negócios. Steve pode compartilhar vários exemplos em que uma instrução aparentemente contraditória do Espírito Santo resultou num avanço lucrativo. Ou, em que um aviso fez com que ele evitasse perdas desnecessárias ou más decisões de contratação.

Sim, um papel-chave do Espírito Santo é nos guiar sobrenaturalmente na verdade e nos revelar o que está por vir. Não nos admira o fato de que Jesus se refira a Ele como o Ajudador quatro vezes em três capítulos consecutivos! As promessas nessas passagens são absolutamente incríveis. Em cada um desses quatro exemplos, a palavra grega traduzida como "ajudador" é *parakletos*. A palavra grega aparece apenas cinco vezes em todo o Novo Testamento, e acabamos de ver quatro delas.[1]

Quando o típico escritor ou narrador grego do século I usou essa palavra, ele estava falando sobre uma pessoa que intercede pelo nosso caso como um advogado diante de um juiz, ou como alguém que vai diante de nós para interceder a nosso favor. Que maneira maravilhosa de pensar sobre quem o Espírito Santo é e como Ele é nosso ajudador!

Ponto-Chave

A mensagem chave sobre o papel do Espírito Santo é muito simples: *Ele me ajuda*. Ele me ajuda a saber o que dizer quando não sei. Ele me ajuda a saber quando falar e quando manter minha boca fechada.

Tenho certeza de que você pode pensar em situações nas quais os dois tipos de ajuda seriam bem-vindos. Por exemplo, um amigo compartilha um problema sério e você não tem ideia do que dizer para ajudá-lo ou para encorajá-lo. Então, um pensamento de repente vem à sua mente, você o fala em voz alta, e seu amigo diz: "Uau, isso é exatamente o que eu precisava ouvir!" Isso é o que o Espírito Santo pode fazer – dar-nos as palavras que precisamos dizer.

Às vezes, Ele nos diz o que *não* dizer. Isso já aconteceu com você? Talvez você tenha se envolvido numa conversa com alguém que ficou um pouco emotivo. Quando você está prestes a dar aquela resposta bem elaborada, surge um pequeno pensamento cauteloso: *Eu não deveria dizer isto.*

É claro, o problema é que a maioria de nós diz o que pensa e acabamos concluindo: *Eu não deveria ter dito aquilo!* Isso acontece muito no casamento. Acabamos de chegar do trabalho e, apesar de não sabermos disso naquele momento, nosso cônjuge teve um dia ruim. Começamos a dizer algo e o Espírito Santo nos toca e sussurra: *Eu não falaria isso se Eu fosse você, Meu amigo.* Algumas vezes, Ele também diz: *Para falar a verdade, se Eu fosse você, Eu a levaria para jantar.* Se você for esperto, escutará e fará

---

[1] A quinta aparição da palavra parakletos está em 1 João 2:1, que diz: "Se, porém, alguém pecar, temos um intercessor junto ao Pai, Jesus Cristo, o Justo".

uma escolha sábia naquele momento. Se não for tão esperto – como eu muitas vezes não sou – ignorará o aviso e falará o que vem à sua mente.

Eu tenho aprendido a dar ouvidos a essa voz. Tenho descoberto como é maravilhoso ter um ajudador.

Talvez você esteja se perguntando se o Espírito Santo realmente fala conosco assim de maneira clara. A resposta é simplesmente sim. A verdade é que a maioria de nós não tem dificuldade de acreditar que Deus fala conosco. Apenas ficamos frustrados porque não sabemos exatamente o que Ele está falando. Praticamente cada um de nós tem um desejo, até mesmo um desespero, de ouvir com confiança a voz de Deus. Quem quer tropeçar pela vida sem o benefício da direção clara e da paz interior que vem de ouvir a voz de Deus? A boa notícia é que Deus também não quer isso para nós.

> Ouvir a **VOZ** de Deus é essencial para romper com antigas zonas de **CONFORTO** e entrar em **NOVOS** níveis de **EFETIVIDADE**.

Ouvir a voz de Deus é essencial para romper com antigas zonas de conforto e entrar em novos níveis de efetividade. Ouvir a Deus e respondê-Lo pode nos levar a novos lugares de intimidade e de propósito com Ele.

Ouvir a voz de Deus começa ao reconhecer qual membro da Trindade tem a tarefa de falar conosco nesta época da História. É o Espírito Santo, claro. O Pai está em Seu trono. Jesus está assentado à Sua direita e, de acordo com Hebreus 10:12-13, permanecerá lá *"esperando até que os seus inimigos sejam colocados como estrado dos seus pés"*. O Espírito Santo, porém, é ativo e presente e comissionado a interagir conosco na Terra hoje. Assim como acabamos de ver, Jesus partiu para que o Espírito pudesse vir a nós e viver *em* nós. Ele nos guia em toda a verdade, mostra-nos o que há de vir, revela mistérios celestiais e nos dá a tão necessária direção.

A principal razão pela qual muitas pessoas não têm certeza se realmente podem ouvir a voz de Deus é porque se recusaram a abraçar e a se comprometer com o membro da Trindade cuja tarefa é falar com elas.

Outras Formas Como O Espírito Ajuda

Vamos dar uma olhada em João 16:8-11. Nesses quatro versículos, Jesus nos dá mais detalhes sobre como o Espírito Santo nos auxilia. Na verdade, Ele menciona mais três aspectos do ministério do Conselheiro. Vamos ver a passagem completa e depois analisar parte por parte:

"Quando Ele vier, convencerá o mundo do pecado, da justiça e do juízo. Do pecado, porque os homens não creem em Mim; da justiça, porque vou para o Pai, e vocês não Me verão mais; e do juízo, porque o príncipe deste mundo já está condenado."

Convicção

Jesus nomeia três áreas em que o Espírito Santo "convencerá" o mundo: pecado, justiça e julgamento. O que Jesus quer dizer com o verbo *convencer*? Jesus está falando sobre convencimento no sentido de "convicção" e "persuasão". De forma mais simples, convencer significa levar alguém a reconhecer uma verdade. E, em Seu papel de ajudador, o Espírito Santo convencerá o mundo das verdades de Deus concernentes ao pecado, à justiça e ao julgamento. Ele persuadirá as pessoas de que certas coisas são verdade.

No versículo 9, Jesus diz que o Espírito Santo convencerá o mundo *"do pecado, porque os homens não creem em Mim"*. Precisamos entender que quando o Espírito Santo convence as pessoas perdidas do pecado – ou seja, ajuda-as a reconhecer que o pecado domina suas vidas – isso é algo bom!

> PRECISAMOS entender que QUANDO o Espírito Santo CONVENCE as pessoas perdidas do pecado, isso é algo BOM!

Esse convencimento ou convicção é a única forma como elas se conscientizam de que precisam do Salvador. A verdade é que ninguém nunca passa a crer em Jesus como seu Salvador sem primeiro passar pela convicção de que precisa do Salvador. Essa é a tarefa do Espírito Santo.

Eu fui salvo num humilde quarto de hotel. Você não precisa estar dentro da igreja para ser salvo. Afinal, você provavelmente não morrerá numa funerária. Seria conveniente, mas provavelmente não acontecerá. Mais do que qualquer coisa, durante aquele momento que mudou minha vida num hotel simples, lembro-me do convencimento do Espírito Santo. Eu havia frequentado a igreja por toda a minha vida, mas naquele encontro fui completamente convencido de que eu era um pecador e de que precisava de Jesus. Aquela convicção era a ministração do Espírito Santo, e eu sou mais grato do que palavras podem expressar por Ele ter trazido isso a minha vida.

Pense em quando você foi salvo. Você se lembra do momento em que foi convencido e da sua forte sensação de necessidade? Aquilo era o Espírito Santo levando você a Jesus! Na verdade, 1 Coríntios 12:3 diz que *"ninguém pode dizer: 'Jesus é Senhor', a não ser pelo Espírito Santo"*.

Justiça

O Espírito Santo também nos convence da justiça. Antes de explorarmos esse ministério particular do Espírito Santo, precisamos ter um entendimento claro sobre o que a palavra *justiça* significa. Ao contrário do que todos pensam, justiça não significa "comportamento correto". Talvez você já tenha até escutado alguém com altos padrões morais ser referido como uma "pessoa justa". É claro, é bom ter padrões morais, mas isso não é justiça. Na verdade, justiça significa ter uma "posição correta" diante de Deus.

Por favor, note que esse versículo não diz que o Espírito Santo nos convencerá da necessidade de viver corretamente. Apesar de uma posição correta diante de Deus nos levar a viver corretamente, essa não é a mensagem em João 16:8-11. Ao invés, Jesus diz que o Espírito Santo convencerá o mundo da justiça porque *"vou para o Meu Pai"*. A razão pela qual podemos ter uma "posição correta" diante de Deus é porque Jesus ascendeu ao Pai e está sentado a Sua direita como um lembrete eterno de que nossos pecados foram pagos (ver Hebreus 10:8-14).

Entender que **FOMOS JUSTIFICADOS** é um **PRESENTE** maravilhoso.

Quando Jesus diz que o Espírito Santo nos convencerá da justiça, Ele está se referindo ao fato de que todos nós precisamos ser convencidos de que a justiça existe – de que é até mesmo possível ter uma posição correta diante de Deus. Além disso, uma vez que nascemos de novo, o papel do Espírito Santo é nos convencer de que fomos justificados através do sangue de Jesus Cristo. Ele nos ajuda providenciando uma confiança interior da maravilhosa realidade de 2 Coríntios 5:21: *"Deus tornou pecado por nós Aquele que não tinha pecado, para que Nele nos tornássemos justiça de Deus".*

Entender que fomos justificados é um presente maravilhoso. O Espírito Santo nos ajuda a nos tornarmos completamente convencidos de que temos uma posição correta diante de Deus e de que podemos chegar diante de Seu trono com confiança e com a certeza de que somos aceitos, bem-vindos e abraçados por Ele.

Juízo

Por fim, o Espírito Santo foi enviado para convencer o mundo *"do juízo, porque o príncipe deste mundo já está condenado"* (Jo 16:11).

A fim de compreender esse aspecto da obra do Espírito Santo, precisamos saber a quem Jesus se refere como *"o príncipe deste mundo"*. Muitas passagens bíblicas estabelecem que Ele esteja falando sobre satanás. Por exemplo, em João 12:31, Jesus diz: *"Chegou a hora de ser julgado este mundo; agora será expulso o príncipe deste mundo"*. Em João 14:30, Jesus diz: *"Já não lhes falarei muito, pois o príncipe deste mundo está vindo. Ele não tem nenhum direito sobre mim"*.

Fica claro que Jesus está falando sobre o inimigo. satanás era o príncipe do mundo, mas ele foi julgado dois mil anos atrás através do sacrifício de Jesus e de Sua subsequente vitória sobre a morte, o inferno e a sepultura. O Espírito Santo nos convence dessa verdade ao nos mostrar que o ex-príncipe deste mundo, satanás, já foi julgado e expulso. Ele já não tem nenhuma autoridade sobre nossas vidas. Ele é um fora da lei.

Um Entendimento Correto

Pode ser fácil confundir e entender mal o papel do Espírito Santo. Acabamos de ver como Ele vem para nos *convencer* do pecado, da justiça e do juízo. Porém, muitas pessoas interpretam esses versículos como se a mensagem do Espírito Santo fosse: "Você é uma pessoa horrível. Deus está com raiva de você. Ele vai te pegar".

Esse não é mesmo o ministério do Espírito Santo! Na verdade, esse é o papel de satanás. A Bíblia o chama de *"acusador dos nossos irmãos"* (Ap 12:10). Se você permitir, satanás irá fazer com que você continue sentindo que não é digno da aceitação de Deus e que não é bem-vindo em Sua presença, lembrando-lhe de cada vez que errou. .

O Espírito Santo foi enviado para nos deixar cientes de que estamos perdidos e necessitados de Jesus; para nos guiar a Ele; para nos convencer de que estamos justificados diante de Deus através Dele e, por fim, para nos encher com a convicção de que satanás é um inimigo derrotado que não tem mais autoridade sobre nós.

Quando você abrir seu coração para essa ministração do Espírito Santo, verá que Ele nos ajuda em todas as áreas da nossa vida cristã. Isso faz sentido, pois o Espírito Santo é nosso ajudador. Mas isso não é tudo. Ele também é nosso amigo, e esse é nosso próximo assunto.

3

Amigo

Eu cresci numa pequena cidade do Texas. Como uma comunidade pequena típica dos Estados Unidos, minha cidade natal tinha uma variedade de igrejas. Nós também tínhamos televisão cristã. Quando eu era criança, essas duas coisas me expuseram a diferentes correntes do Cristianismo.

Minhas observações, confessadamente superficiais e um tanto céticas me levaram a concluir bem cedo na vida que os cristãos que falavam muito sobre o Espírito Santo frequentemente se incluíam em um de dois grupos: um em que as mulheres pareciam não usar maquiagem nenhuma, ou outro em que elas usavam maquiagem demais. Durante muito tempo, achei que qualquer mulher que decidisse querer ter uma experiência profunda com o Espírito Santo enfrentava o difícil dilema: *Vou parar de usar maquiagem, ou vou passar a usá-la mais?*

As Mentiras Do Inimigo

É claro que estou brincando, mas esses estereótipos estão realmente vivos e bem de saúde, hoje em dia, entre muitos que amam a Jesus. Muitas pessoas sinceramente relutam em abraçar a oportunidade de ter um relacionamento transformador de vida com o Espírito Santo por causa desses estereótipos.

Quem você acha que é o autor desses enganos? É satanás – aquele que quer nos fazer pensar que convidar o Espírito Santo para nossas vidas não tem nada a ver com amizade. Ele é o inimigo que quer nos convencer de que dar ao Espírito um papel maior em nossa vida nos tornará esquisitões.

Pense sobre isso. Se a vinda do Ajudador, o Espírito Santo, é realmente algo maravilhoso para os crentes, não é lógico que o inimigo queira nos manter distante dessa ajuda? Afinal, um aspecto da obra do Espírito Santo é nos convencer de que satanás já foi julgado e despojado de sua autoridade. Então, é realmente tão difícil imaginar que satanás quer nos impedir de receber essa convicção e agir de acordo com ela?

Estou convencido de que uma das principais estratégias de satanás para impedir as pessoas de experimentar toda a ajuda e todos os benefícios maravilhosos que vêm a partir de um relacionamento com o Espírito Santo é nos convencer de que seremos esquisitos – *muito esquisitos!*

Satanás tem muita ajuda para reforçar essa mentira, é claro. O mundo tem sua porção de pessoas verdadeiramente excêntricas, e algumas delas são cristãs "cheias do Espírito". Mas aqui vai uma notícia de última hora: elas eram esquisitas mesmo antes de serem cheias do Espírito! Elas simplesmente são assim por natureza. Também seriam esquisitas mesmo se nunca tivessem sido salvas e tivessem se tornado colecionadoras de moedas. Seriam simplesmente colecionadores de moedas esquisitos.

As pessoas às vezes fazem coisas bizarras e depois dizem que foi o Espírito Santo quem as fez através delas. Não foi Ele. O Espírito Santo não é esquisito. Eu sei disso porque O conheço bem. Ele é um grande amigo meu.

Essa mentira em particular do inimigo nos causa mais danos do que podemos perceber. Por um lado, vemos todas as evidências bíblicas de que o Espírito Santo é uma bênção e um ajudador. Por outro lado, o inimigo nos mostra pessoas tolas fazendo coisas tolas em nome do Espírito. Logo, pensamos *Essa coisa de Espírito Santo provavelmente é boa, mas somente em pequenas doses. É melhor não se empolgar muito com isso.*

O Espírito Santo NÃO É ESQUISITO.

Em essência, dizemos ao Espírito Santo: "*Ok, vou abrir a porta da minha vida só um pouquinho para que Você possa se esticar e colocar um pé aqui dentro. Mas não vou deixar Você entrar por inteiro, pois não há como saber o que Você fará. Não confio no Seu comportamento*".

O quão insultante é isso?

Não! O Espírito Santo não é estranho. Ele é uma pessoa maravilhosa, gentil e sensível. Uma amizade real com Ele pode mudar a sua vida.

Incríveis Benefícios

Quando o Espírito Santo se torna seu amigo, Ele traz quatro benefícios incríveis para sua vida. Vamos vê-los brevemente.

Poder

Atos 1:8 diz: *"Mas receberão poder quando o Espírito Santo descer sobre vocês".* Infelizmente, muitos cristãos batalham todos os dias para viver a vida cristã, e experimentam todos os tipos de derrotas, precisamente porque tentam vivê-la com sua própria força. Eles são salvos, mas ainda vivem uma vida de derrota e de ineficácia, morrem e vão para o céu. No entanto, passam a vida inteira sem usar o único poder que torna possível uma vida vitoriosa.

Amor

O famoso capítulo bíblico do amor, 1 Coríntios 13, está localizado entre dois capítulos que exploram os dons do Espírito Santo. De acordo com Romanos 5:5, o Espírito Santo torna possível que andemos no amor de Deus com os outros: *"E a esperança não nos decepciona, porque Deus derramou Seu amor em nossos corações, por meio do Espírito Santo que Ele nos concedeu".*

Talvez a razão pela qual muitos cristãos lutam para andar em amor e falham é que nunca abram seu coração para o Espírito Santo, Aquele que possui a tarefa de derramar o amor de Deus em nós. O grande evangelista no século XIX, Charles Finney, descreveu assim o encontro que teve com o Espírito Santo, encontro este que transformou sua vida:

"O Espírito Santo... parecia se mover dentro de mim, passando pelo meu corpo e pela minha alma... Eu podia sentir aquilo, como uma onda de eletricidade correndo através de mim. Parecia mesmo vir em ondas de amor líquido, pois eu não poderia expressar isto de outra forma."[2]

---

[2] ChristianHistory.net, "Charles Finney: Father of American Revivalism", www.christianitytoday.com/ch/131christians/evangelistsandapologists/finney.html.

Para Finney, essa experiência com o amor de Deus através do Espírito Santo foi tão transformadora que no dia seguinte ele desistiu de sua carreira lucrativa como advogado e começou a pregar em tempo integral. Ele se tornou um dos mais influentes avivalistas da história da nação norte-americana.

Fruto

De acordo com Gálatas 5:22, quando permitimos que o Espírito Santo habite totalmente em nossas vidas, Ele produz amor, alegria, paz, paciência, bondade, mansidão e muitas outras coisas boas. Aliás, Paulo inicia essa conversa específica sobre o Espírito Santo com as seguintes palavras: *"Por isso digo: vivam pelo Espírito"* (v. 16). E a termina da mesma forma com as seguintes palavras: *"Se vivemos pelo Espírito, andemos também pelo Espírito"* (v. 25).

Como pastor, frequentemente encontro pessoas que me perguntam o segredo de ser uma pessoa com grande paz, ou paciência, ou mansidão, ou bondade. Eu digo que não há segredo. Todas essas qualidades e outras são subprodutos naturais de desfrutar da presença e da amizade do Espírito Santo. É isso que Paulo quer dizer com andar *"pelo Espírito"*.

Dons

O fruto do Espírito é um dom. As qualidades que Ele produz em nossas vidas são como pacotes do próprio Céu, cheios de bênçãos, milagres e poder.

Os primeiros crentes do Novo Testamento (ver Atos 2) que abriram a porta para o Espírito Santo viraram o mundo de cabeça para baixo! Milhares vinham para o Reino, milagres aconteciam e vidas eram transformadas em todos os lugares a que iam. Não é surpresa que satanás fique aterrorizado com a ideia de que o povo de Deus se abra totalmente para receber a ajuda do Espírito Santo. Não deveríamos nos surpreender com o fato de que o diabo tem feito o seu melhor para tornar esse assunto controverso.

No entanto, o abuso ou o uso impróprio de algum dos dons do Espírito não deve fazer com que nos afastemos de buscar uma experiência completa e uma caminhada diária com o Espírito Santo, pois não podemos viver uma vida cristã totalmente produtiva sem Ele.

Lembro-me de uma história que o comediante Bill Cosby contou sobre sua mãe. Ela havia crescido em meio a muita pobreza e, quando Bill e seus três irmãos eram pequenos, lutava para sobreviver com seu baixo salário de doméstica enquanto seu marido, na marinha, estava longe. Anos mais tarde, Bill se tornou um comediante de sucesso e comprou boas coisas para sua mãe. Mas ela não as usava.

> Não é **SURPRESA** que satanás fique **ATERRORIZADO** com a ideia de que o povo de Deus **SE ABRA** totalmente para receber a ajuda do Espírito Santo.

Por exemplo, a mãe de Bill comia torradas no café da manhã todos os dias, mas as preparava em seu forno a gás debaixo da grelha. Aquilo era demorado, ineficiente e até perigoso. Bill comprou para ela uma torradeira moderna, que ela deixou na caixa e guardava em cima do refrigerador. Ele achou que sua mãe não havia gostado da marca daquela torradeira, então comprou uma diferente. Mas essa também permaneceu dentro da caixa em cima do refrigerador. No fim, sua mãe tinha em casa três ou quatro torradeiras novas nunca usadas.

Bill finalmente perguntou à sua mãe por que ela se recusava a usar os presentes que ele havia dado a ela. Sua resposta foi "Deixe-os em cima do refrigerador. Estou acostumada a preparar torradas à moda antiga".

Muitos cristãos respondem aos dons do Espírito Santo exatamente desta maneira. Estão confortáveis em fazer tudo à moda antiga. Como resultado, suas vidas são muito mais difíceis e muito menos eficazes para o reino de Deus do que poderiam ser.

A Amizade Com O Espírito

Perder os dons que o Espírito traz é muito triste. Porém, perder a amizade com Ele é trágico. Descobri essa verdade de forma inusitada no início da minha vida cristã.

Eu não havia nascido de novo quando Debbie e eu nos casamos. Nove meses depois do casamento, recebi Jesus como meu Senhor e passei a reconhecê-lo como meu Salvador. Apesar de aquilo ter sido um acontecimento poderoso e transformador, ainda havia em mim muitas questões emocionais que precisavam de cura e de restauração. Primeiro, eu era inseguro e até temia outras pessoas. Eu costumava usar uma máscara de confiança, mas era uma fina fachada de petulância cobrindo uma grande quantidade de baixa autoestima.

Quando me casei, eu costumava ter pavor de quando Debbie me arrastava para as festas de Natal. Ela possui naturalmente uma personalidade feliz e extrovertida, e invariavelmente saía para conversar com uma amiga enquanto eu era deixado sozinho para me virar.

> Algo **EXTRAORDINÁRIO** aconteceu quando iniciei um relacionamento real, **PESSOAL** e dinâmico com o **ESPÍRITO SANTO**.

No fim da noite, quando entrávamos no carro para ir embora, eu ficava irritado com ela. Debbie não conseguia entender por quê. Ela não sabia que havia feito algo errado, porque obviamente não tinha feito. Mas eu abria minha boca com um tom patético em minha voz e dizia: "Você me deixou!".

"Como assim, Robert? Eu estava lá à noite toda!"

"Você me deixou. E fiquei sozinho. E... as pessoas vinham até mim... e conversavam comigo. Foi horrível."

Estamos falando de um homem crescido aqui!

Entretanto, algo extraordinário aconteceu quando iniciei um relacionamento real, pessoal e dinâmico com o Espírito Santo.

Lembro-me da primeira vez em que fomos a uma daquelas reuniões sociais que eu temia, depois que eu já havia começado minha amizade com o Espírito Santo. Ali estava eu, em pé, sozinho, com uma taça na mão e pensando: *Ela fez isso comigo de novo. Ela foi para longe conversar e eu estou aqui – sozinho e indefeso*. Então, ouvi a voz do Espírito Santo claramente dentro de mim, dizendo: *Estou aqui, Robert, e você não está sozinho!*

O Espírito Santo e eu começamos uma conversa, uma das primeiras de tantas que já perdi a conta. Naquela noite, quando o Espírito falou, meus olhos notaram um homem do outro lado da sala. O Espírito Santo me disse: *Está vendo aquele homem? Ele recebeu uma notícia muito ruim de seu médico outro dia. Ele está com medo de morrer e deixar sua família desamparada. Você poderia orar por ele.* Então eu fiz isso.

Depois, notei uma mulher de cabelo grisalho, e o Espírito Santo comentou: *Ela perdeu seu marido alguns meses atrás. Ela está lutando contra a solidão e uma dor esmagadora. Vamos orar por ela.*

Certa hora, um homem chegou a mim e começou a conversar. Ao invés de procurar uma janela pela qual fugir, pedi ao Espírito Santo que me usasse para abençoá-lo ou para ajudá-lo. O Espírito me induziu a perguntar ao homem sobre uma área de sua vida que parecia bem pessoal. Mesmo assim, eu obedeci e disse: "Você está indo bem com...?" e depois mencionei o que o Espírito Santo havia me revelado. O homem olhou para mim em choque por alguns segundos e começou a chorar. Eu tive o humilde privilégio de orar por ele e lhe dar um encorajamento do qual ele precisava desesperadamente.

E tem mais, eu não interagi com aquele homem de uma forma que me fizesse parecer esquisito ou que o fizesse se sentir humilhado. Não é assim que o Espírito Santo faz! Baseado na minha experiência com Ele, posso dizer o seguinte: Ele é manso e bondoso. Onde Ele é recebido para agir, encorajamento, luz, vida e cura vêm também.

Como O Espírito Fala

Num domingo, eu havia acabado de concluir a mensagem e convidado para vir ao altar aqueles que gostariam de receber a Cristo ou precisavam de oração. Algumas pessoas aceitaram o convite, mas meus olhos foram direcionados a um senhor em particular. Que eu saiba, eu nunca o havia visto antes, e não havia nada em sua expressão facial ou em sua conduta que indicasse por que ele estava indo à frente.

No entanto, enquanto eu olhava para ele, escutei a voz familiar do Espírito Santo me dizendo algo. Eu sabia, por experiência própria, que o Espírito revela certas coisas simplesmente porque Ele quer curar, restaurar, encorajar e abençoar. Então, me coloquei diante daquele homem e disse: "Enquanto o senhor vinha até a frente, Deus me disse algo que Ele quer que o senhor saiba. Ele me disse que você se sente como o filho pródigo, pois esteve longe Dele por muito tempo. Ele simplesmente quer lhe dar uma mensagem da parte Dele – 'Seja bem-vindo, meu filho'".

No mesmo instante, os olhos do homem se encheram de lágrimas, e ele caiu em meus braços. Assim como o pai que correu para encontrar o filho pródigo da parábola de Jesus, abracei aquele homem com um abraço muito forte que demonstrasse de forma tangível o amor e o perdão que recebem todos aqueles que se voltam para Deus.

O que eu não sabia era que aquela era a primeira vez daquele homem dentro de uma igreja em quase vinte anos. Como ele me disse depois, havia sido criado num lar cristão e havia recebido Jesus quando era menino. Sua esposa, cristã, estava orando por ele, mas ele estava desviado e fugindo de Deus por muito, muito tempo. Como de costume, o inimigo estava mentindo para ele, dizendo que Deus não o receberia se ele retornasse: *Você aprontou muitas coisas. Você pecou demais. Deus já desistiu de você.*

> E, porque o **ESPÍRITO SANTO** ainda **FALA**, tive o **PRIVILÉGIO** de trazer a ele uma palavra específica e incrivelmente **REDENTORA** do **AMOROSO** Pai celestial.

Ele estava tão nervoso em voltar à igreja que, enquanto dirigia até lá, parou o carro num estacionamento vazia. Quando sua esposa lhe perguntou o que estava acontecendo, ele se virou para ela e disse: "Eu sou como o filho pródigo. Mas não sei se Deus realmente me receberá de volta. Estou com medo". Com o encorajamento dela, ele continuou a dirigir para o culto. E, porque o Espírito Santo ainda fala, tive o privilégio de trazer a ele uma palavra específica e incrivelmente redentora do amoroso Pai celestial.

Quando menciono sem hesitar que o Espírito Santo fala comigo, sei que algumas pessoas provavelmente acham isso esquisito também. Algumas inclusive pensam: *O Espírito Santo realmente fala tão clara e diretamente?*

Quando exploramos de forma bastante breve essa questão anteriormente, eu disse que a resposta é simplesmente sim: o Espírito Santo quer
falar conosco claramente assim como nós queremos ouvi-Lo claramente.
Dito isso, porém, quero dar a você algumas chaves para ouvir a voz do Espírito. Se você souber como Ele fala, então saberá como ouvi-Lo.

O Espírito Santo Fala Através de Sua Palavra

Primeiro, o Espírito Santo é uma pessoa. Não deveríamos pensar em
nosso relacionamento com Ele como algo mais complicado que um relacionamento com qualquer outra pessoa. Quando conhecemos novas pessoas e queremos construir relacionamentos com elas, temos que passar
a conhecê-las. Gradualmente, ficamos sabendo de seu passado, do que
gostam e do que não gostam, de seus hábitos e de suas paixões. Quanto
mais sabemos sobre elas, mais as conhecemos. O mesmo é verdade com o
Espírito Santo.

E se a pessoa que você acabou de conhecer escreveu um livro sobre a
vida dela? Se você quisesse saber sobre ela, não faria sentido ler o que ela
escreveu? O Espírito Santo foi a inspiração por trás de toda a palavra da
Bíblia. Dessa forma, o passo inicial para um relacionamento com Ele é a
Palavra. Em suas páginas, podemos
aprender como Deus anda, fala, pensa e age. Enquanto lemos e estuda-
mos as Escrituras, descobrimos Sua
personalidade e Seu caráter. Se quiser conhecer a Deus, você tem que
ler Sua Palavra.

> O Espírito Santo foi a
> **INSPIRAÇÃO** por trás
> de toda a **PALAVRA** da
> **BÍBLIA**.

Derramar o coração diante de
Deus em oração é a forma como podemos falar com Ele. Mas renovar
nossa mente através da leitura da Sua Palavra é a maneira mais básica
como podemos permitir que Deus fale conosco.

O Espírito Santo Fala Através da Sua Voz

Além de falar através da Sua Palavra, Deus também fala com as pessoas. Ele não tem ficado em silêncio durante os últimos dois mil anos!

Hebreus 13:8 nos diz que Deus não muda; Ele *"é o mesmo ontem, hoje e para sempre"*. Sendo isso verdade, por que é tão difícil aceitar que Deus ainda fala conosco hoje?

O próprio Jesus falou sobre a voz do Espírito:

> *"Eu lhes asseguro que aquele que não entra no aprisco das ovelhas pela porta, mas sobe por outro lugar, é ladrão e assaltante. Aquele que entra pela porta é o pastor das ovelhas. O porteiro abre-lhe a porta, e as ovelhas ouvem a sua voz. Ele chama as suas ovelhas pelo nome e as leva para fora. Depois de conduzir para fora todas as suas ovelhas, vai adiante delas, e estas o seguem, porque conhecem a sua voz. Mas nunca seguirão um estranho; na verdade, fugirão dele, porque não reconhecem a voz de estranhos... As minhas ovelhas ouvem a minha voz; eu as conheço, e elas me seguem."*
>
> *João 10:1-5,27*

Cinco vezes, nesses versículos, Jesus se refere ou ao pastor falando, ou às ovelhas ouvindo a voz do pastor. As ovelhas não escutam apenas sua palavra, mas também sua voz. Nós somos as ovelhas de Jesus e, de acordo com Sua Palavra, podemos e devemos ouvir Sua voz – a voz do Espírito. Quando a escutamos, devemos conhecê-la.

Debbie e eu nos casamos em 1980, mas nos conhecíamos desde o colégio. De vez em quando ela me liga de um telefone cujo número não reconheço. Quando isso acontece, atendo a ligação e cuidadosamente digo: "Alô?". E escuto a voz do outro lado dizer "Oi!".

> **NÓS** somos as **OVELHAS** de Jesus e, de acordo com Sua **PALAVRA**, podemos e devemos **OUVIR** Sua **VOZ**.

Essa única palavra é tudo de que preciso. Minha voz e minha entonação mudam para uma expressão de afeto e de familiaridade. Sem hesitar, respondo: "Oi, amor. Tudo bem?". Eu conheço a voz da minha querida esposa. E a tenho escutado por mais de trinta anos. Após todo o tempo que passamos juntos, conversando e simplesmente vivendo, conheço a voz dela melhor do que qualquer outra na Terra.

Podemos conhecer a voz do Espírito tão perfeitamente assim também. Podemos reconhecê-la instantaneamente, sem qualquer dúvida, quando Ele chama nossos nomes e nos dá direção e encorajamento. E não pense que o Espírito Santo fala apenas com ovelhas "importantes" ou com superespirituais do rebanho do Pastor. Você pode conhecer a voz de Deus e ouvi-Lo tão claramente quanto o mais famoso pregador pode.

Podemos chegar com ousadia diante do trono de Deus através do acesso comprado para nós com o sangue de Jesus. E podemos chegar a conhecer Sua voz de resposta, pois Jesus enviou o Espírito Santo para falar em nome do Pai e do Filho. Sempre que conhecemos alguém que realmente conhece a voz de Deus, rapidamente percebemos que essa pessoa passa muito tempo com Ele. Entrar na presença de Deus – habitar lá, viver lá e estar com os ouvidos abertos lá – é a maneira de praticarmos ouvir a Sua voz.

Nas primeiras fases desse processo de aprendizado, muitos cristãos dizem que a voz do Espírito parece muito com seus próprios pensamentos ou com sua própria fala. Existe uma razão para isso. Quando o Espírito Santo quer nos dar uma mensagem, Ele tem que se comunicar com o nosso espírito nascido de novo e daí com nossa mente. Então, você provavelmente não ouvirá uma voz audível. Ao invés, ela vem como um *pensamento*. Portanto, é fácil questionar se a mensagem é seu pensamento ou algo que o Espírito está lhe dizendo.

> Não **PENSE** que o Espírito Santo fala **APENAS** com **OVELHAS** "importantes" ou com **SUPERESPIRITUAIS** do **REBANHO** do Pastor.

Com tempo e familiaridade, porém, podemos aprender a distinguir claramente entre os nossos pensamentos e aqueles que vêm do Espírito. O Pastor ainda fala com Suas ovelhas, chamando-nos pelo nome. Continue a passar tempo com Ele para que na próxima vez em que Ele sussurrar: *Oi*, em seu coração, você não tenha que ficar em dúvida. Você saberá imediatamente que Deus está falando contigo. Quanto mais você escutar, identificar e reconhecer a voz Dele, mais fácil será ouvi-Lo toda vez que Ele falar.

Que privilégio maravilhoso é ter o Espírito Santo em nós e conosco. Ele pode ser um amigo confiável que quer tornar todas as coisas melhores. E, como estamos prestes a descobrir, a oportunidade de ter esse membro da Trindade como um amigo sempre presente é um privilégio que vai além da compreensão humana.

4

Deus

Você se lembra da história que contei anteriormente sobre as palavras de conselho que meu pastor me deu quando eu estava indo para o seminário? Ele disse o seguinte: "Cuidado com as pessoas que falam sobre o Espírito Santo".

Eu não quero pegar no pé dele – apesar de ter me referido às suas palavras duas vezes agora. Eu sei que ele era um bom homem e que amava ao Senhor. E não tenho dúvida de que, se eu tivesse lhe perguntado se ele acreditava no Espírito Santo como a terceira pessoa da Trindade e como "Deus" tanto quanto o Pai e o Filho, ele teria dito prontamente: "Com certeza!".

No entanto, suas palavras de conselho revelaram algo sobre sua atitude. Num sentido muito real, é como se ele tivesse me dito: "Cuidado com as pessoas que falam sobre Deus". Na verdade, enquanto eu crescia, a tradição da nossa igreja tendia a pular alguns versículos bíblicos que falavam sobre o Espírito Santo e Seus dons. E, por alguma razão, nunca chegávamos a estudar muitos capítulos do livro de Atos. Talvez sua igreja seja assim também.

Se sim, é possível que você não veja o Espírito Santo completamente como Deus. Sem mesmo saber, você aceitou um ensinamento incorreto e sutil de que o Espírito Santo é um tipo de membro de segunda classe da Trindade.

De certo modo, nada disso deveria nos surpreender porque o Espírito Santo nunca chama a atenção ou fala sobre Si mesmo. Ele apenas quer falar sobre Jesus e ver o Filho ser exaltado. Quando Jesus apresenta o Espírito Santo aos Seus discípulos em João 16, Ele diz: *"Ele me glorificará, porque receberá do que é meu e o tornará conhecido a vocês"* (v. 14). Em outras palavras, uma parte principal da missão do Espírito Santo é revelar coisas celestiais que glorificam Jesus. *Ele não é maravilhoso?* diz o Espírito Santo. *Sua vida terrena foi tão incrível; Seu sacrifício foi tão enorme; Sua vitória foi tão impressionante; Jesus é tão digno de glória, e honra, e poder, e domínio.*

Porém, apesar de o Espírito Santo não se vangloriar, não devemos pensar que Ele não é um membro pleno e equivalente da Divindade. Ele é a terceira pessoa da Trindade. O Espírito Santo é Deus.

As Escrituras Revelam A Trindade

Vários versículos na Bíblia apontam para a Trindade – mostrando o Pai, o Filho e o Espírito Santo no mesmo versículo. Vamos explorar alguns.

Anteriormente, analisamos João 14:16, onde Jesus diz: *"E eu rogarei ao Pai, e Ele vos dará outro Ajudador para que fique convosco para sempre"*. Aqui, o *Filho* pede ao *Pai* para enviar o *Espírito Santo*. Em alguns versículos mais a frente, vemos uma descrição similar: *"Mas o Ajudador, o Espírito Santo, a quem o Pai enviará em meu nome, esse vos ensinará todas as coisas"* (v. 26, ARIB). O *Espírito Santo* será enviado pelo *Pai* em nome do *Filho*.

Em João 15, Jesus diz: *"Quando vier o Ajudador, que eu vos enviarei da parte do Pai, o Espírito da verdade que do Pai procede, esse dará testemunho de mim"* (v. 26, ARIB). O *Ajudador (o Espírito)* será enviado pelo *Pai* para testificar de *Jesus (o Filho)*.

Sei que você pode ver esse padrão aqui. O Pai, o Filho e o Espírito – um em três – trabalhando juntos.

Esse padrão aparece em toda a Bíblia. Por exemplo, em Lucas 3, lemos o relato do batismo de Jesus: *"e o Espírito Santo desceu sobre Ele em forma corpórea, como pomba. Então veio do céu uma voz: 'Tu és o meu Filho amado; em ti me agrado'"* (v. 22). Em um único momento, o *Espírito* desce sobre o *Filho* enquanto o *Pai* entrega uma mensagem audível de endosso e louvor. Falando em batismo, em Mateus 28:19, encontramos parte das instruções finais de Jesus aos Seus discípulos antes de Sua ascensão: *"Portanto, vão e façam discípulos de todas as nações, batizando-os em nome do Pai e do Filho e do Espírito Santo"*.

O testemunho das Escrituras é que o Espírito Santo é um membro pleno e equivalente da Trindade. O Espírito Santo não é uma força ou uma coisa. Ele é Deus em uma de Suas três pessoas. Tratá-Lo como um tipo de segundo plano celestial ou como um ser sobrenatural de ordem inferior, a quem escolhemos ignorar, é algo grave. Dê uma boa olhada em Atos 5, onde temos o relato do apóstolo Pedro expondo a fraude de Ananias e de Safira. No versículo 3, Pedro diz: *"Ananias, como você permitiu que satanás enchesse o seu coração, a ponto de você mentir ao Espírito Santo?"*. Agora note as palavras que saem da boca de Pedro no versículo seguinte: *"Você não mentiu aos homens, mas sim a Deus"* (v. 4).

Sim, quando mentimos ao Espírito Santo, mentimos a Deus.

Conectando-Nos Ao Pai E Ao Filho

Agora você está provavelmente se perguntando por que estou gastando tanto tempo provando que o Espírito Santo é parte da Trindade. Estou insistindo nisso, porque podemos facilmente reconhecer mentalmente que o Espírito Santo é Deus, entretanto mostrar uma opinião bem diferente com nossas ações e atitudes. Quanto mais entendemos o quão maravilhosa, ajudadora e incrível a pessoa do Espírito Santo é, mais percebemos que nossas atitudes incorretas sobre Ele são uma tragédia e uma ofensa.

Minha experiência com o Espírito Santo tem consistentemente sido de uma pessoa que busca formas de ajudar os feridos e de conectá-los com um Pai que os ama e com o Salvador que morreu por eles. Aqui está um exemplo do que estou falando.

Lembro-me de uma vez em que fui convidado para ministrar em uma igreja onde eu não conhecia ninguém da congregação. Eu estava sentado no púlpito, esperando para pregar. Enquanto cantávamos e adorávamos,

> Naquele **INSTANTE**, ouvi a voz **FAMILIAR** do Espírito Santo **FALANDO COMIGO** algo sobre ela.

olhei para as pessoas, e meus olhos pararam em direção a uma mulher. Naquele instante, ouvi a voz familiar do Espírito Santo falando comigo algo sobre ela.

Quando chegou a hora de pregar, subi no púlpito e falei diretamente a ela. "A senhora poderia se colocar de pé por um momento?" eu disse. "Quando estávamos adorando, o Espírito Santo mostrou a senhora a mim. Ele me disse: 'Robert, você conhece o passado dela?'".

Quando falei isso, o semblante daquela mulher mudou, e ela começou a olhar para o chão. Mas não havia terminado ainda. Eu disse a ela: "Sim, o Espírito Santo me perguntou se eu conhecia o seu passado, e eu disse: 'Não, Senhor'. E o Espírito Santo imediatamente disse: 'Hum, nem Eu'".

Naquele momento, ela levantou a cabeça e começou a sorrir. "Sabe, senhora, eu sei que Deus sabe de todas as coisas, mas Ele me disse para lhe informar que Ele escolheu não se lembrar do seu passado. Ele já o esqueceu. E Ele diz que é hora de a senhora fazer o mesmo".

Ela chorou e riu, assim como muitos de seus amigos naquela congregação.

Creio que essa história incorpora tudo o que o Espírito Santo é. Ele valoriza demais o impressionante sacrifício feito pelo Pai e pelo Filho a fim de prover o perdão dos nossos pecados, para permitir que um de Seus filhos viva numa vergonha desnecessária. O Espírito Santo é uma pessoa gentil, compassiva, admirável e sensível.

E Ele é Deus.

Resumindo

O que o Espírito Santo tem falado a você até agora enquanto exploramos quem Ele é? Como está seu relacionamento com Ele? Permita-me desafiar você a fazer uma avaliação honesta sobre isso em seu coração. Tenha coragem de fazer a si mesmo as seguintes perguntas.

Você tem um pouco de medo do Espírito Santo? Você já viu alguns maus exemplos – alguns abusos ou usos impróprios – que fizeram com que seu coração se fechasse para a ministração do Espírito Santo? Isso já fez com que você recuasse quando sentiu a presença ou o toque do Espírito Santo?

Se sim, encorajo você a reconhecer três verdades antes de avançarmos em nossa jornada: (1) o Espírito Santo foi enviado para ser seu ajudador, (2) Ele deseja ser seu amigo íntimo, e (3) a verdade que torna essas duas declarações as mais incríveis de todas é que *Ele é Deus*.

PARTE 11

Como É Essa Pessoa?

5

Sua Personalidade

Eu tenho uma poltrona favorita. Eu gosto muito dela, mas ela não sente o mesmo por mim. Na verdade, não é possível ter um relacionamento com esse objeto.

Note que eu chamei minha poltrona de "objeto". A maioria de nós aprende, em nossas primeiras aulas de português, que o pronome *isso* se refere a um objeto e não a uma pessoa. Porém, as pessoas usam frequentemente esse pronome para falar do Espírito Santo. Quantas vezes não ouvimos alguém falar: "O Espírito Santo é como o vento... Precisamos mais *disso* em nossas vidas"?

Esse tipo de linguagem revela uma atitude mental de que o Espírito Santo não é uma pessoa, mas algum tipo de força impessoal. Essa é uma visão comum. Aliás, sistemas teológicos inteiros foram construídos em volta da premissa de que o Espírito Santo não tem pessoalidade, isto é, identidade de pessoa, indivíduo. Mesmo nos primeiros séculos da igreja, um movimento herege chamado Arianismo negava a pessoalidade do Espírito Santo. Hoje em dia, a seita dos Testemunhas de Jeová acredita no mesmo.

No entanto, essa visão apresenta um grande problema. Se não virmos o Espírito Santo como uma *pessoa*, nunca desenvolveremos um relacionamento *pessoal* com Ele. Por quê? Porque é impossível desenvolver um relacionamento pessoal com um objeto ou com uma coisa. Nunca pensei em compartilhar meus sentimentos com minha poltrona favorita e nunca conversei com uma árvore no quintal.

Somente podemos experimentar os incríveis benefícios e alegrias que vêm da amizade com o Espírito Santo quando entendemos completamente que Ele é uma pessoa.

Um Nome ou um Papel?

Sou um pensador profundo. É claro, *profundo* é um termo relativo. Entretanto, já passei muito tempo pensando sobre a questão de por que muitos não têm dificuldade de ver o Pai ou Jesus como pessoas, mas pensam sistematicamente no Espírito Santo como uma coisa. Como acontece muitas vezes quando tenho pensamentos profundos, cheguei a algumas ideias sobre como ajudar Deus a melhorar seus métodos. Ocorreu a mim que a razão pela qual muitas pessoas não pensam no Espírito Santo como pessoa está em Seu nome, *o* Espírito Santo.

Então, eu disse a Ele: "Senhor, eu estava pensando que seria melhor se o terceiro membro da Trindade fosse chamado de algum nome como Rafael. Se Ele tivesse um nome comum, poderíamos dizer: *Vou perguntar a opinião do Rafael sobre esse assunto*, ao invés de dizer religiosamente: *Buscarei a direção do Espírito Santo*".

Quanto mais pensava sobre isso, mais brilhante me parecia. Se esse plano fosse adotado, as igrejas mais formais O chamariam de "Rafael" e ainda assim seria algo adequado. As igrejas um pouco mais modernas O chamariam de "Rafa". Minha ideia beneficiaria a todos, além de acabar com a tendência de ver o Espírito Santo como uma coisa.

É claro que estou só brincando. Mas a raiz da minha brincadeira tem uma verdade séria: os nomes que usamos para nos referirmos aos três membros da Trindade podem trazer confusão sobre a pessoalidade do Espírito Santo. Porém, o termo *Espírito Santo* não é um nome. É uma descrição do Seu papel, assim como *Pai* e *Filho* descrevem papéis específicos. Essas palavras descrevem as funções dos três membros da Trindade: "Deus Pai", "Deus Filho" e "Deus Espírito Santo". Parte da confusão vem porque os termos *pai* e *filho,* naturalmente, nos fazem pensar em pessoas, mas o termo *espírito* não.

O Que É Pessoalidade?

Se quisermos ter uma amizade verdadeira com o Espírito Santo, devemos nos livrar dessa confusão e começar a ver Deus Espírito Santo como uma pessoa.

Como podemos ter certeza de que Ele é uma pessoa? Bem, como sabemos se alguém é uma pessoa? O que constitui pessoalidade? Alguns diriam: "Uma pessoa tem vida". Bem, uma árvore tem vida também. Mas desde a última vez que cheguei, árvore não é uma pessoa.

Permita-me oferecer uma definição simples de pessoalidade e, depois, complementar com uma que é um pouco mais complexa.

Falando de forma simples, uma *pessoa* é um ser com *personalidade*. Todas as pessoas exibem as marcas de uma personalidade. Se algo não tem personalidade, não é uma pessoa na forma como entendemos o termo.

Agora irei apresentar uma resposta mais complexa. Uma pessoa é um ser com alma.

Curiosamente, a ideia de que Deus tem uma alma pode parecer um pouco estranha. Porém, a Bíblia nos diz que Ele tem. Em Mateus 12:18, Deus Pai diz o seguinte sobre Jesus: *"Eis aqui o meu servo, que escolhi, o meu amado, em quem a minha alma se compraz"* (ACF). Está muito claro! Talvez não pensemos que Deus Pai tenha alma, mas Ele tem.

E quanto ao Deus Filho? Mateus 26:38 nos mostra que Jesus diz o seguinte: *"A minha alma está profundamente triste"*. Está muito claro também. Por que Jesus diria *"minha alma"* se Ele não tivesse uma?

Já vimos que duas pessoas da Trindade possuem alma. E quanto ao Espírito Santo? Em Hebreus 10:38, o Espírito da graça declara: *"Mas o justo viverá da fé; e, se ele recuar, a minha alma não tem prazer nele"* (ACF).

Deus Pai, Deus Filho e Deus Espírito Santo têm alma, portanto cabem na definição de pessoalidade. A alma de uma pessoa é constituída de três componentes: mente, vontade e emoções. Ou seja, uma pessoa que possui alma tem pensamentos, faz escolhas e tem sentimentos. A capacidade de fazer essas três coisas indica a presença da alma. Vamos aplicar esse teste de três partes em Deus.

Pense nas dezenas de passagens bíblicas que se referem à "mente de Deus". Agora pense nas dezenas e dezenas de passagens que se referem à "vontade de Deus". Por fim, pense sobre todos os versículos que mencionam os sentimentos de Deus e Suas emoções. Em toda a Bíblia, vemos Deus com alegria, tristeza, ira e prazer.

Fica claro que Deus possui mente, vontade e emoções. Isso significa que Ele tem uma alma. E isso é válido para Deus Pai, Deus Filho e Deus

> Fica claro que **DEUS** possui mente, vontade e **EMOÇÕES**.

Espírito Santo. (Discutiremos sobre a alma do Espírito Santo nos capítulos seguintes.)

Como cristãos, temos Alguém vivendo em nós, Alguém que é Deus. Ele tem a mente de Deus, Ele conhece a vontade de Deus, e Ele conhece os sentimentos de Deus. Ele reside dentro de nós porque deseja nos ajudar a pensar da forma como Deus pensa, desejar o que Deus deseja e sentir o que Deus sente. Que privilégio!

Os Atributos de Deus

Como uma pessoa da Trindade, o Espírito Santo possui todos os atributos que Deus possui. Quando você começar a estudar os atributos de Deus, verá que é um assunto profundo e de muitas facetas. Compreender esses atributos pode nos ajudar a enxergar que o Espírito Santo realmente é uma pessoa, e não uma força ou uma coisa. A lista dos atributos de Deus é longa, mas no topo dela encontraremos três atributos que começam com o prefixo *oni*. Vejamos agora, sucintamente, tais atributos.

Onisciente

Deus sabe de todas as coisas. O termo teológico para isso é *onisciência*. É uma combinação de duas palavras: *oni*, que significa "tudo" e *ciência*, que se origina de uma palavra latina, cujo significado é "conhecimento". Alguém onisciente conhece todas as coisas – simplesmente sabe e conhece tudo que há para ser conhecido. Certa vez, li uma definição mais completa que definia onisciência como "o atributo de Deus pelo qual Ele perfeita e eternamente conhece todas as coisas que podem ser conhecidas, no passado, no presente e no futuro".[3]

Pense sobre a riqueza e a amplitude do conhecimento de Deus. Talvez você tenha um grande conjunto de enciclopédias em casa, e a internet

---

[3] The Parent Company, *"God Is Omniscient"*, www.parentcompany.com/awareness_of_god/aog12.htm.

nos dá acesso a uma quantidade estonteante de informações. Entretanto, essas coleções de informações não chegam aos pés de Deus. Salmos 147:4 declara que Deus não apenas sabe quantas estrelas existem, mas também sabe o nome de cada uma delas. Em Salmos 33:13, aprendemos que Deus tem a capacidade de ver e conhecer cada pessoa na face da Terra, todas ao mesmo tempo. Seu conhecimento sobre cada um de nós é tão íntimo que Ele sabe a quantidade sempre variável de fios de cabelo que há em nossa cabeça (ver Mateus 10:30).

Deus também conhece os mais profundos pensamentos do nosso coração e da nossa mente. Nenhum conhecimento é escondido Dele. Isso é tão válido para Deus Espírito Santo assim como é para Deus Pai.

Onipotente

Deus também é *onipotente*, o que significa "todo-poderoso". Em Jeremias 32, o Senhor pergunta a Jeremias: "*Eu sou o Senhor, o Deus de toda a humanidade. Há alguma coisa difícil demais para mim?*" (v. 27). É claro, Deus fez ao profeta uma pergunta retórica. A resposta correta é não. Nada é difícil demais para Deus. O anjo Gabriel afirma essa verdade pessoalmente quando fala com Maria e diz: "*Nada é impossível para Deus*" (Lc 1:37).

A onipotência de Deus também significa que ninguém pode impedir Seus planos. O que Ele se propuser a fazer, Ele fará. O que Ele quer feito é feito. É por isso que Jó diz: "*Sei que podes fazer todas as coisas; nenhum dos teus planos pode ser frustrado*" (Jó 42:2). E o salmista diz: "*O nosso Deus está nos céus e pode fazer tudo o que lhe agrada*" (Sl 115:3).

> **NADA é DIFÍCIL**
> demais para Deus.

O apóstolo Paulo fala especificamente sobre o Deus Espírito Santo quando diz: "*Ora, àquele que é poderoso para fazer tudo muito mais abundantemente além daquilo que pedimos ou pensamos, segundo o poder que em nós opera*" (Ef 3:20, ACF). Há muitas verdades importantes sobre o poder e sobre a soberania de Deus revelada nesse versículo:

(1) Ele é poderoso para *fazer* ou agir (*poiēsai*), pois não está parado, nem inativo, nem morto. (2) Ele é poderoso para fazer o que *pedimos*, pois ouve e responde orações. (3) Ele é poderoso para fazer o que pedimos *ou pensamos*, pois lê nossos pensamentos, e às vezes pensamos em coisas pelas quais não nos ousamos e portanto não as pedimos. (4) Ele é poderoso para fazer *tudo* o que pedimos ou pensamos, pois Ele conhece tudo e pode fazer tudo. (5) Ele é poderoso para fazer *mais... além de* (*hyper*, "além") tudo que pedimos ou pensamos, pois Suas expectativas são mais altas que as nossas. (6) Ele é poderoso para fazer *mais abundantemente* (*perissōs*) do que tudo que pedimos ou pensamos, pois não dá Sua graça com medida calculada. (7) Ele é poderoso para fazer *muito mais abundantemente* do que pedimos ou pensamos, pois é um Deus de superabundância[4].

Note que Paulo diz que essa capacidade e esse poder atuam em nós. A fonte desse poder é Deus Espírito Santo. Meu melhor amigo é onipotente.

Onipresente

Deus também é *onipresente*, o que significa que Ele está simultaneamente em todos os lugares. Sempre achei confortante saber que não importa aonde eu vá, o Deus que me ama já estará presente. Nenhum lugar no Céu ou na Terra está além do alcance de Seu amor e de sua atenção. Essa é a verdade que o salmista expressa de maneira tão linda no Salmo 139:

> *"Para onde poderia eu escapar do teu Espírito? Para onde poderia fugir da tua presença? Se eu subir aos céus, lá estás; se eu fizer a minha cama na sepultura, também lá estás. Se eu subir com as asas da alvorada e morar na extremidade do mar, mesmo ali a tua mão direita me guiará e me susterá."*
>
> *(versículos 7-10)*

Além disso, a onipresença de Deus significa que Ele transcende não só o espaço, mas também o tempo. Deus não está apenas em todo *lugar* de

---

[4] John R. W. Stott, *The Message of Ephesians (The Bible Speaks Today)* (Downer's Grove: InterVarsity, 1979), 139-40.

uma só vez; Ele está em todo o *tempo* de uma só vez, pois Ele está além do tempo e não vê apenas nosso momento e circunstâncias presentes, mas também nosso passado e nosso futuro. É claro, Ele graciosamente escolhe esquecer as partes cheias de pecado do nosso passado que confessamos e colocamos sob o sangue de Jesus.

Quando começamos a cultivar um relacionamento com o Espírito Santo e aprendemos a ouvir Sua voz, é empolgante perceber que Ele conhece o futuro. O Espírito Santo sabe quando o perigo espera você virando a esquina e o avisará se você escutar. Ele

> **DEUS** não está apenas em todo **LUGAR** de uma só vez; Ele está em todo o **TEMPO** de uma só vez.

também sabe quando grandes oportunidades estão adiante e ajudará você a estar pronto para conquistá-las.

Meu amigo, Dr. Tony Evans, tem uma boa maneira de expressar como todos esses atributos trabalham juntos. Ele diz:

"Não há nada que Deus não conhece; isso é Sua onisciência...

Não há lugar onde Ele não exista; isso é Sua onipresença.

Mas isso não é tudo. Não há nada que Deus não possa fazer; isso é Sua onipotência"[5].

Todos os três membros da Divindade possuem todos esses três atributos. O Filho, agora assentado à direita do Pai, conhece todas as coisas que o Pai conhece. O mesmo é válido para o Espírito Santo.

O Espírito Santo certamente não é uma "coisa"! Ele possui personalidade e alma, e é uma pessoa que pode ser seu melhor amigo. Com isso em mente, vamos aprender mais sobre as qualidades de Sua alma.

---

[5] Tony Evans, *Time to Get Serious* (Wheaton, IL: Crossway, 1995), 22.

6

Sua Alma: Mente e Vontade

Certa vez ouvi um homem que ministra para universitários dizer que os dois seminários mais frequentados nas conferências cristãs são: "Como Saber a Vontade de Deus para Sua Vida" e "Sexo e Namoro". Ele inclusive brincou dizendo que se realmente quisesse lotar seus seminários, iria chamá-los de "Como Saber a Vontade de Deus sobre Sexo e Namoro".

Mais do que qualquer coisa, os cristãos lutam para saber a vontade de Deus para suas vidas. Na verdade, pesquisas revelam que a pergunta número um entre os crentes é "Como posso saber a vontade de Deus?".

A razão pela qual mais cristãos não conhecem a vontade de Deus é que não têm uma amizade com o Espírito Santo – Aquele dentro de nós cuja tarefa é nos revelar a verdade.

Deixe-me repetir isso.

Temos Alguém vivendo dentro nós que sabe a vontade de Deus para nossa vida. Se você quiser conhecer a vontade de Deus, conheça o Espírito Santo. Sua amizade com Ele pode verdadeiramente mudar sua vida. Como já vimos, uma amizade com o Espírito Santo é possível porque Ele é uma pessoa. É claro, Ele é Deus, mas também vimos que cada um dos membros da Trindade tem os atributos de uma alma. Ter alma significa possuir três coisas – mente, vontade e emoções.

Da mesma forma, podemos pensar nessa verdade em relação ao Deus Filho. Sabemos que Jesus tem alma porque vemos Sua personalidade sendo mostrada nos Evangelhos. Neles, vemos Jesus rir, chorar, irritar-se, mostrar compaixão, tomar decisões, ensinar, encorajar e amar. No âmago do milagre da Encarnação está a incrível realidade de que Jesus se tornou um de nós! Como escreve o apóstolo João: "*Aquele que é a Palavra tornou-se carne e viveu entre nós*" (Jo 1:14). Paulo descreve Jesus assim: "*vindo a ser servo, tornando-se semelhante aos homens. E, sendo encontrado em forma humana, humilhou-se a si mesmo e foi obediente até a morte, e morte de cruz"* (Fp 2:7-8).

Enquanto podemos facilmente concluir que Jesus tem alma, poucos de nós pensam o mesmo acerca do Espírito Santo. Porém, precisamos entender que o Espírito Santo possui alma se quisermos desfrutar as bênçãos de uma amizade com Ele. Como discutimos anteriormente, ninguém tenta ter um relacionamento com uma coisa – pelo menos não alguém racional.

Com isso em mente, vamos cavar um pouco mais fundo nas Escrituras que nos ajudará a ver que o Espírito Santo possui mente, vontade e emoções – os elementos de Sua alma.

A Mente do Espírito Santo

Vamos começar com as palavras conhecidas de Isaías 55:

"'Pois os meus pensamentos não são os pensamentos de vocês, nem os seus caminhos são os meus caminhos', declara o Senhor. 'Assim como os céus são mais altos do que a terra, também os meus caminhos são mais altos do que os seus caminhos e os meus pensamentos mais altos do que os seus pensamentos.'"

(versículos 8-9)

As próprias palavras de Deus são bem convincentes. Por que Ele diria *"os meus pensamentos não são os pensamentos de vocês"* se Ele não tivesse pensamentos? E como Ele pode ter pensamentos se não tivesse uma mente? Deus realmente possui uma mente e pensa em você e em suas situações. Você não gostaria de saber que pensamentos são esses?

Já vimos que um dos papéis do Espírito Santo é nos guiar *"a toda a verdade"* (Jo 16:13). Faz sentido que se o Espírito Santo nos guia a toda a verdade, Ele deve conhecer toda a verdade. E é claro que já que o Espírito Santo é Deus, Ele é onisciente. Você deve se lembrar que esse atributo de Deus significa que Ele sabe de todas as coisas. O ponto-chave é que Deus Espírito Santo possui todo o conhecimento.

Você já imaginou o quociente de inteligência de Deus? O QI de Albert Einstein era 209. Bastante impressionante. Mas, e quanto ao QI de Deus? Antes de você se arriscar a adivinhar, deixe-me dizer que Deus não tem um QI. Por quê? O termo *quociente* implica cálculo e comparação. No entanto, a inteligência de Deus não pode ser calculada, e nada existe que possa ser comparada a ela. É imensurável. Em termos de QI, Deus não tem o Q, mas tem muito, muito *I*.

Quando você começar a contemplar a sabedoria e a inteligência de Deus, terá alguns pensamentos alucinantes. Por exemplo, Deus é incapaz de pensar em algo que Ele nunca tenha pensado antes. Se fosse capaz, Ele aprenderia algo. Mas um Deus que sabe todas as coisas não tem nada para aprender. Deixe-me falar isso de outra maneira: Nada jamais ocorreu a Deus. Ele nunca bateu com a mão na testa e disse "Sabe o que Eu acabei de pensar?" Nunca. Ele sabe de todas as coisas de uma vez, em todo o tempo.

> **A INTELIGÊNCIA** de Deus não pode ser **CALCULADA**, e nada existe que possa ser **COMPARADA** a ela.

A grande notícia é que temos o Espírito Santo vivendo dentro de nós e, como Deus, Ele possui o mesmo nível de sabedoria e de conhecimento. O Espírito Santo sabe tudo sobre tudo e Ele se comprometeu a ser nosso professor. Ele promete nos guiar a toda a verdade. Aquele cuja tarefa é descrita como "Ajudador" possui toda a verdade. Ele sabe a resposta para cada problema que enfrentamos. Temos acesso à mente de Deus, pois o Espírito Santo tem uma mente.

Em Romanos 8, Paulo diz que um dos papéis do Espírito Santo é interceder por nós e nos ajudar quando não sabemos como ou o que orar:

> *"Agora Aquele que sonda os corações conhece a mente do Espírito, pois Ele [o Espírito] intercede pelos santos de acordo com a vontade de Deus."*
>
> *(versículo 27, tradução livre do inglês)*

Tanto Deus Pai quanto Deus Espírito Santo possuem uma mente, e o Espírito tem a capacidade de interceder por nós de acordo com a vontade de Deus.

A Vontade do Espírito Santo

Veremos a seguir o segundo elemento-chave da alma do Espírito Santo: Ele também possui uma vontade. A Bíblia provê evidência em abundância para essa verdade. Por exemplo, em Atos 16 encontramos Paulo viajando com Silas e Timóteo. Paulo planeja ir para a Ásia Menor (Turquia atualmente) para pregar o Evangelho. O que poderia estar errado em tomar o próximo passo lógico e falar de Jesus para os perdidos? O plano enfrenta apenas um problema. O Espírito Santo diz "Não!"

"Paulo e seus companheiros viajaram pela região da Frígia e da Galácia, tendo sido impedidos pelo Espírito Santo de pregar a palavra na província da Ásia."

Atos 16:6

Essa palavra traduzida como *"impedidos"* em português é uma palavra grega que significa "exercer a vontade de alguém". Neste exemplo, o Espírito Santo simplesmente exerce Sua vontade – o que Ele pode fazer porque Ele possui uma vontade para exercer.

Como Aquele que conhece toda a verdade, que sabe o que está por vir e que conhece a mente do Deus Pai, o Espírito Santo sabia que a ida de Paulo e seus companheiros naquela direção estaria fora do plano de Deus para a propagação do Evangelho. O tempo de evangelizar aquela parte do mundo chegaria, mas não era aquele o momento. Como Paulo e Silas sabiam a vontade de Deus sobre aonde ir? Eles reconheciam e prestavam atenção à voz do Espírito Santo.

O Espírito Santo tem uma vontade, e ela é perfeitamente alinhada à vontade do Pai. Considere agora essas observações adicionais sobre descobrir a vontade de Deus.

A Vontade Geral de Deus

A vontade de Deus consiste em duas esferas. Uma é a Sua vontade geral para nossa vida. A Bíblia é nosso guia infalível para isso. Se precisarmos saber sobre moralidade ou limites comportamentais, ela nos dá direção clara. Não temos que pensar se roubar, ser fiel ao nosso cônjuge, ou honrar nossos pais é da vontade de Deus ou não. A Palavra deixa clara a vontade de Deus acerca dessas áreas. Chamamos isso de vontade geral de Deus, pois esses limites são verdadeiros e se aplicam a todas as pessoas.

> Se PRECISARMOS saber sobre MORALIDADE ou LIMITES comportamentais, ela nos dá direção CLARA.

Se você é casado, a vontade geral de Deus o ajudará a saber como tratar sua esposa. Mas Sua vontade geral não irá lhe revelar com quem você deve se casar. Essa questão envolve a vontade específica de Deus para você. Você não encontrará um versículo bíblico que diga: "Eis que te digo, José da Silva, deverás casar-se com a Joana Souza de Recife, Pernambuco. Farás dela sua noiva, sim, casar-te-ás com ela".

A Vontade Específica de Deus

Então como saber a vontade específica de Deus? Por favor, compreenda essa verdade importante: descobrimos a vontade geral do Senhor através de Sua *Palavra* e descobrimos a vontade específica de Deus através de Sua *voz*. Lembre-se do que Jesus nos disse sobre o Ajudador que Ele enviaria:

"Tenho ainda muito que lhes dizer, mas vocês não o podem suportar agora. Mas quando o Espírito da verdade vier, ele os guiará a toda a verdade. Não falará de si mesmo; falará apenas o que ouvir, e lhes anunciará o que está por vir."
João 16:12-13

O Espírito Santo fala. Ele pode falar com você. Ele *quer* falar com você. Acho que não reconhecemos o quão maravilhoso é esse privilégio.

Antes de o Espírito Santo vir, dois mil anos atrás, gerações inteiras viviam onde apenas uma pessoa por geração podia ouvir a Deus e falar por Ele. Somente uma pessoa! Leia o Antigo Testamento e você verá que, em suas gerações, homens como Sansão, Samuel, Elias, Eliseu, Habacuque, Naum, Oseias, Joel e Amós ouviram a Deus, mas quase ninguém mais podia fazer o mesmo.

Até os reis de Judá dependiam de um ou um punhado de profetas para descobrir o que Deus queria que eles fizessem. Se você fosse um cidadão comum sem nenhum profeta de Deus por perto, estaria por sua própria conta. Além disso, durante um longo período de 400 anos entre o Antigo e o Novo Testamento, Deus não falou com ninguém.

> A **VINDA** do Espírito Santo **MARCA** uma nítida **DIVISÃO** na linha do tempo da **HISTÓRIA**.

Quando o Espírito Santo veio há dois mil anos, foi um evento revolucionário para a humanidade. Assim como a morte e ressurreição de Jesus, a vinda do Espírito Santo marca uma nítida divisão na linha do tempo da História. Nada tem sido o mesmo desde então. Note o que Pedro diz sobre a chegada do Espírito no Dia de Pentecostes:

"Pelo contrário, isto é o que foi predito pelo profeta Joel: Nos últimos dias, diz Deus, derramarei do meu Espírito sobre todos os povos. Os seus filhos e as suas filhas profetizarão, os jovens terão visões, os velhos terão sonhos."

Atos 2:16-17

O profeta Joel havia predito aquele evento histórico seiscentos anos antes. Ele havia dito que o próprio Espírito de Deus seria derramado sobre todos os povos, novos e velhos, homens e mulheres poderiam ter visões e sonhos de Deus da forma como somente alguns profetas do Antigo Testamento podiam ter no passado. E agora Pedro está declarando a chegada gloriosa do dia em que as pessoas passariam a poder ouvir a voz de Deus. Por quê? Porque o Espírito Santo havia chegado.

Essas não são ótimas notícias? Podemos ter um relacionamento pessoal com Deus através da pessoa do Espírito Santo! Sem intermediários ou mediadores ou profetas difíceis de achar. Não podemos ter um relacionamento pessoal com Deus através do nosso pastor, do nosso cônjuge, ou de qualquer outra pessoa. Temos que ter nosso próprio relacionamento pessoal com Deus através do Espírito Santo.

Imagine se alguém viesse até você e dissesse: "Com licença, eu sei que você não me conhece muito bem, mas você poderia perguntar a minha esposa onde ela quer passar as férias esse ano?".

O que você diria? Sua resposta provavelmente seria algo como: "Claro que não, ela é *sua* esposa. *Você* deveria perguntar isso a ela".

E se a pergunta fosse mais pessoal: "Com licença, estranho, você poderia perguntar a minha esposa quantos filhos ela quer ter comigo?". Você talvez daria uma resposta mais enfática ainda: "Não, isso é algo que você mesmo deveria perguntar a ela!".

Sei que essas ilustrações parecem ridículas, mas como sou pastor, as pessoas sempre me abordam esperando que eu pergunte a Deus sobre a vontade Dele para a vida delas. Minha resposta é praticamente sempre a mesma: "Não. Ele é seu Pai celestial também. *Você* deve perguntar isso a Ele!".

É claro, eu certamente concordo em buscar conselhos sábios antes de tomar uma decisão. Mas isso não é o mesmo que esperar que outra pessoa escute a voz de Deus em seu lugar porque você não pode ou não quer.

> **TEMOS QUE TER** nosso **PRÓPRIO RELACIONAMENTO** pessoal com Deus através do **ESPÍRITO SANTO.**

Lembre-se, outras pessoas podem escutar a voz de Deus *com* você, mas não *por* você. O Pai e o Filho enviaram o Espírito Santo para que pudéssemos ter um relacionamento *pessoal* com Deus.

Lembro-me de uma vez que um homem se aproximou após um culto. Ele disse: "O senhor poderia buscar uma palavra de Deus para mim?".

Eu olhei para ele meio surpreso por um momento e disse: "Tudo bem, se Deus me disser algo sobre você eu lhe informarei. Mas acho que isso não vai acontecer".

No dia seguinte, enquanto eu passava tempo a sós com o Senhor, eu me lembrei daquele homem e do seu pedido. Eu não queria ignorar a oportunidade caso Deus quisesse ministrar na vida daquele homem. Então, sem cerimônia, perguntei: "Pai, existe algo que o Senhor queira que eu diga àquele homem?". No mesmo instante, ouvi a voz familiar do Senhor responder dizendo: *Sim. Diga que quero conversar com ele pessoalmente. Diga para ele passar no meu escritório amanhã de manhã!*

Eu posso testemunhar que as pessoas podem escutar a voz do Espírito Santo – clara, poderosa e consistentemente. Tenho vivido minha vida assim há anos.

> Lembre-se, **OUTRAS** pessoas podem **ESCUTAR** a voz de Deus *com* você, mas não *por* **VOCÊ.**

Ele fala comigo sobre minhas decisões e me ajuda a escolher com mais sabedoria do que eu jamais conseguiria sozinho. Afinal, Ele conhece o futuro. Às vezes, um caminho que parece prudente e seguro na superfície pode resultar num desastre. Não posso contar quantas vezes me deparei com uma escolha, mas quando pedi ao Espírito Santo por direção naquela situação, Ele me direcionou a um caminho menos provável. Sua direção nunca falhou em operar para o meu benefício.

O Espírito fala comigo sobre minha família, ajudando-me a ser um marido e um pai melhor.

Ele gentilmente me corrige quando estou fora da linha e muitas vezes me faz parecer mais esperto e sábio do que realmente sou. Ele expõe os truques e as estratégias do inimigo – que adoraria me destruir – permitindo que eu os destrua antes que me façam dano.

O Espírito Santo fala comigo sobre pessoas que cruzam o meu caminho todos os dias. Ele me dá oportunidades extraordinárias de abençoar, de encorajar e de apresentar Jesus aos outros. Alguns dos momentos mais memoráveis e recompensadores da minha vida no ministério têm ocorrido quando o Espírito Santo me dá uma palavra especial para entregar a um estranho. Quando isso acontece, vejo lágrimas, cura, libertação e restauração.

Com humildade, tenho tido o privilégio de fazer parte desses encontros com a graça e a compaixão de Deus.

Deus quer falar pessoalmente com você também. Ele quer que você conheça a vontade Dele e a Sua maravilhosa amizade. A forma como podemos saber a vontade de Deus é conhecendo a Deus! O Espírito Santo possui mente e vontade, e podemos conhecer Seus pensamentos e Sua vontade – *se* O conhecermos.

7

Sua Alma: Emoções

E u e você podemos fazer com que o Espírito Santo fique alegre ou triste? Certamente sim. Em algumas páginas contarei sobre certa vez em que desapontei meu amigo o Espírito Santo, e – depois de meu arrependimento e do perdão de Deus – vi a alegria em nosso relacionamento ser maravilhosamente restaurada. Porém, antes de eu contar essa história, quero descrever a estrutura emocional do Espírito Santo.

Como qualquer outra pessoa com alma, o Espírito Santo também possui emoções. Veja a lista dos "frutos do Espírito". Esses atributos crescem em todos que permitem que o Espírito Se expresse através de suas vidas.

> *"Mas o fruto do Espírito é amor, alegria, paz, paciência, amabilidade, bondade, fidelidade, mansidão e domínio próprio."*
>
> *Gálatas 5:22-23*

Uma árvore não pode amar. Ela pode até estar viva, mas nunca experimentará alegria. Apenas uma pessoa pode experimentar paz. O mesmo vale para amabilidade, bondade, fidelidade, mansidão e domínio próprio. Estas são características de uma pessoa.

Da mesma maneira, somente uma pessoa pode sentir o oposto de alegria – tristeza. Em Efésios 4:30, lemos o seguinte aviso: *"Não entristeçam o Espírito Santo de Deus, com o qual vocês foram selados para o dia da redenção"*.

Quando temos um amigo íntimo, é natural querermos saber o que o faz ficar triste.

Esse é certamente o caso da minha esposa, Debbie. Já que ela também é uma das minhas melhores amigas nesse mundo, aprendi ao longo dos anos o que a entristece ou lhe causa dor. Então, tomo cuidado para não fazer essas coisas. Por quê? Porque tenho medo dela? Não, porque eu a amo, e eu valorizo nosso relacionamento.

Alguns cristãos ficam surpresos ao aprender que podem entristecer o Espírito Santo e Lhe causar dor. Parte dessa surpresa ocorre porque eles não O veem como uma pessoa que possui mente, vontade e emoções. Entretanto, uma vez que começamos a valorizar o relacionamento que temos com Ele, tomamos cuidado para que nossas ações não Lhe causem dor. Nós nos tornamos naturalmente interessados em saber o que entristece nosso querido amigo. E nos importamos porque O amamos, e odiamos a ideia de causar distanciamento entre nós dois.

> Alguns cristãos ficam **SURPRESOS** ao aprender que podem **ENTRISTECER** o Espírito Santo e lhe **CAUSAR DOR.**

Então, o que é *tristeza*? Falando de forma simples, é o pesar que sentimos quando perdemos intimidade com alguém. Nós tradicionalmente associamos tristeza com a morte de alguém que amamos, pois ela cria uma ruptura na intimidade com aquela pessoa que faleceu. Mas nossos pensamentos e nossas ações também podem causar uma perda temporária de intimidade. Dessa forma, devemos fazer a nós mesmos uma pergunta chave: o que entristece o Espírito Santo? Encontramos parte da resposta nos versículos que rodeiam Efésios 4:30. Veja a passagem completa em contexto:

> *"Portanto, cada um de vocês deve abandonar a mentira e falar a verdade ao seu próximo, pois todos somos membros de um mesmo corpo. 'Quando vocês ficarem irados, não pequem'. Apaziguem a sua ira antes que o sol se ponha, e não deem lugar ao diabo. O que furtava não furte mais; antes trabalhe, fazendo algo de útil com as mãos, para que tenha o que repartir com quem estiver em necessidade. Nenhuma palavra torpe saia da boca de vocês, mas apenas a que for útil para edificar os outros, conforme a necessidade, para que conceda graça aos que a ouvem. Não entristeçam o Espírito Santo de Deus, com o*

qual vocês foram selados para o dia da redenção. Livrem-se de toda
amargura, indignação e ira, gritaria e calúnia, bem como de toda
maldade. Sejam bondosos e compassivos uns para com os outros, per-
doando-se mutuamente, assim como Deus perdoou vocês em Cristo."
(versículos 25-32)

Observe alguns dos comportamentos específicos que entristecem o
Espírito: mentira, pecado, furto, deixar de repartir com outros. Na verdade, um padrão emerge nesses versículos. Todos esses comportamentos se
relacionam com como tratamos os outros, especialmente nossos irmãos
e irmãs em Cristo. Por exemplo, devemos parar de mentir, porque *"somos*
membros de um mesmo corpo". Como o Espírito Santo habita em todos
os crentes, maltratar algum deles envolve maltratar o Espírito Santo que
está neles. É por isso que os versículos 31 e 32 dizem: *"Livrem-se de toda*
amargura, indignação e ira, gritaria e calúnia, bem como de toda maldade. Se-
jam bondosos e compassivos uns para com os outros, perdoando-se mutuamente,
assim como Deus perdoou vocês em Cristo". Ou seja, parem de tratar mal uns
aos outros. Isso entristece o Espírito Santo.

O pecado não entristece o Espírito Santo por Ele ser puritano e não
querer que você se divirta. O pecado entristece o Espírito Santo, porque
prejudica as pessoas, e o Espírito Santo ama as pessoas. Além disso, quando
um crente anda em rebelião e em pecado voluntário, o Espírito Santo
sente pesar porque a rebelião cria uma perda repentina de intimidade com
uma pessoa que Ele ama – mesmo que essa intimidade seja eventualmente
restaurada.

Como cristãos, não perdemos a salvação quando pecamos, pois a salvação é baseada na graça através da fé. Porém, quando nos encontramos em
rebelião voluntária, interrompemos nossa intimidade com o Espírito Santo
– e essa perda de conexão com alguém que Ele ama produz tristeza Nele.

Amargura e Iniquidade

Além dos comportamentos listados em Efésios 4, creio que o Espírito
Santo acha duas coisas especialmente graves. Podemos vê-las ilustradas
em Atos 8.

Amargura

Nessa passagem, Pedro e João viajam a Samaria para ministrar a um grupo de crentes que foram salvos através da pregação do evangelista Filipe. Quando chegam lá, descobrem que aqueles novos cristãos ainda não haviam recebido nenhum ensinamento sobre o Espírito Santo e não sabem nada sobre receber a ministração Dele em suas vidas.

Pedro e João oram para que aquelas pessoas recebam o Espírito Santo. Quando fazem isso, muitos milagres começam a acontecer. Quando um famoso feiticeiro chamado Simão – que havia sido salvo e batizado naquele avivamento em Samaria – vê todos aqueles milagres acontecendo, ele se oferece para comprar aquele "poder" de Pedro:

> *"E Simão, vendo que pela imposição das mãos dos apóstolos era dado o Espírito Santo, lhes ofereceu dinheiro, dizendo: 'Dai-me também a mim esse poder, para que aquela sobre quem eu impuser as mãos receba o Espírito Santo.'"*
>
> *Atos 8:18-19, ACF*

É claro, Pedro fica profundamente ofendido com a ideia de que o poder de Deus pudesse ser comprado. Ele responde:

> *"O teu dinheiro seja contigo para perdição, pois cuidaste que o dom de Deus se alcança por dinheiro? Tu não tens parte nem sorte nesta palavra, porque o seu coração não é reto diante de Deus. Arrepende-te, pois, dessa tua iniquidade, e ora a Deus, para que porventura te seja perdoado o pensamento do teu coração; pois vejo que estás em fel de amargura, e em laço de iniquidade."*
>
> *(versículos 20-23, ACF)*

Observe que o primeiro erro de Simão se deu quando ele rebaixou a *pessoa* do Espírito Santo a um *poder* que poderia ser comprado como um bem. Ele viu o Espírito Santo como uma *força* que poderia comprar ao invés de uma *pessoa* que ele pudesse conhecer.

Pedro repreende Simão severamente e termina sua fala com uma observação singular: *"pois vejo que estás em fel de amargura, e em laço de iniquidade"*.

Assim como vimos, tudo que entristece o Espírito Santo está relacionado com a forma como tratamos uns aos outros. Porém, precisamos adicionar uma verdade importante a esse entendimento: se você tem amargura em alguma área da sua vida, há veneno em seu sistema. A amargura envenena você emocional, espiritual, mental e fisicamente.

> Tudo que **ENTRISTECE** o Espírito Santo está relacionado com a forma **COMO TRATAMOS** uns aos outros.

Por toda sua vida, Simão havia sido o grande homem com poder sobrenatural naquela área. Ele era o feitor de maravilhas cujo feitiço causava muitos "oohs" e "aahs". É claro que a fonte do poder dele de feiticeiro havia sido demoníaca ao invés de celestial.

Simão assistiu aos apóstolos colocarem a cidade de cabeça para baixo com sinais e maravilhas milagrosos. Ele perdeu todo seu poder antigo quando foi salvo. Inveja e ciúme o consumiram até que ele finalmente tentou comprar o poder do Espírito Santo. Claro, a ironia é que, como crente, Simão já possuía o poder do Espírito completamente disponível para ele! O próprio Jesus havia dito que todos os sinais e maravilhas feitos pelos discípulos eram o fruto natural que acompanha aqueles que creem Nele:

> *"Estes sinais acompanharão os que crerem: em meu nome expulsarão demônios; falarão novas línguas; pegarão em serpentes; e, se beberem algum veneno mortal, não lhes fará mal nenhum; imporão as mãos sobre os doentes, e estes ficarão curados."*
>
> *Marcos 16:17-18*

Iniquidade

Além da amargura, Simão também estava *"em laço de iniquidade"*. Não usamos a palavra *iniquidade* no vocabulário do dia a dia. Essa palavra antiga se refere à prisão que o pecado habitual cria em nossas vidas. Pecado é um acontecimento; iniquidade é um estilo de vida. Pecado é um ato; iniquidade é um hábito.

No caso de Simão, sua iniquidade vinha da prisão a algum tipo de imoralidade. Isso é compreensível, pois Simão havia se rendido a poderes demoníacos durante a maior parte de sua vida. Não se pode brincar com o diabo por anos sem se envolver em alguns hábitos e práticas diabólicos.

Todos nós trazemos bagagem para nossa nova vida em Cristo, e Simão não era exceção. Você provavelmente notou que todos os seus hábitos impuros não simplesmente desapareceram no momento em que você recebeu Jesus em sua vida.

A vida cristã é uma jornada para o alto. No momento em que nascemos de novo, nós nos tornamos *justificados* – colocados numa posição correta diante de Deus. Mas a *santificação* – tornar-se puro e mais parecido com Cristo em nosso comportamento – é um processo. O Espírito Santo quer ser nosso parceiro e amigo nesse processo. É por isso que entristecemos o Espírito quando permitimos que uma fortaleza de iniquidade permaneça mesmo quando Ele já a revelou para nós. É claro, algumas iniquidades são superficiais e têm fraca influência sobre nós; porém, outras têm raízes que são bem profundas.

Meu Lindo Presente de Aniversário

Quanto às raízes profundas de iniquidade que entristecem o Espírito Santo, falo por experiência própria. Permita-me ser transparente e explicar.

Antes de receber a Cristo, eu era uma pessoa tremendamente imoral. Quando era jovem, tinha muitos comportamentos que eram profanos e impuros. Então, quando tinha 19 anos, casei com Debbie – uma maravilhosa e pura garota cristã. Logo depois disso, fui salvo, apaixonei-me por Deus, e comecei a servi-Lo no ministério.

> No meu **ANIVERSÁRIO** o Espírito Santo me **ENCORAJAVA** a **PEDIR ALGO** a Ele, e eu pedia.

Ainda assim, eu tinha áreas de escravidão na minha vida – o que Pedro chamou de estar *"em laço de iniquidade"*. Apesar de Deus me abençoar pessoalmente e me usar para abençoar a outros, eu ainda lutava com a pureza moral.

Quando fiz um ano de nascido de novo, Debbie me disse: "Feliz Aniversário! O que você quer de presente?" Não lembro o que respondi, mas, na manhã seguinte, em meu tempo em silêncio com Deus, fiquei surpreso ao ouvir o Espírito Santo fazer a mesma pergunta: *O que você quer de Mim no seu aniversário?* Após pensar sobre isso, pedi a Ele algo que eu estava tentando alcançar em minha vida espiritual.

A partir daí, nos meus aniversários espirituais e naturais, o Senhor me fazia essa pergunta. O Espírito Santo me encorajava a pedir algo a Ele, e eu pedia. Nunca pedia bênçãos materiais; ao contrário, sempre pedia algo de natureza espiritual.

Quando estava chegando perto do meu trigésimo aniversário, senti que eu também estava me aproximando de um marco importante em minha vida. Eu sabia que Jesus começou Seu ministério aos trinta anos. Apesar de ter me formado no seminário e estar no ministério por uma década, eu ansiava alcançar um nível mais alto de eficácia para Ele.

Na semana anterior ao meu aniversário, o Espírito Santo me fez a pergunta que eu havia escutado em anos anteriores: *Robert, o que você quer de Mim no seu aniversário?* Lembro-me de que o clamor do meu coração era ouvir a voz do Senhor mais claramente. Eu queria saber quando Deus estava falando, e desejava usar essa habilidade do coração para ajudar outras pessoas. Então pedi: "Senhor, eu adoraria poder Te ouvir mais claramente. Esse é meu pedido de aniversário. Quero ser capaz de ouvir Sua voz mais perfeitamente".

> O CLAMOR do meu coração era OUVIR a voz do Senhor mais CLARAMENTE.

Naquele ano, meu aniversário caiu numa segunda-feira. Nas três noites anteriores, eu estava agendado para ministrar numa reunião "profética" de uma igreja em outra cidade. Junto com uma equipe de outros preletores, eu estaria profetizando sobre as pessoas – dando palavras de encorajamento e de conforto da parte do Espírito Santo.

Na primeira noite – a sexta-feira anterior ao meu aniversário – eu estava escutando a voz do Espírito Santo mais claramente como nunca antes. Eu estava recebendo palavras de encorajamento, sobrenaturalmente detalhadas para as outras pessoas, enquanto o Espírito Santo me mostrava áreas escondidas de dor e feridas que Ele queria curar. Lembro-me de ter pensado: *Uau, já estou recebendo meu presente de aniversário. Estou ouvindo Deus tão claramente, e já estou ajudando as pessoas!*

Quando voltei ao quarto do hotel naquela noite, eu estava tão agitado que não conseguia dormir. Liguei a televisão e comecei a passar os canais. Infelizmente, passei por um canal em que passava um filme que nenhum cristão deveria assistir. Naquele momento, eu precisava desligar a televisão. As razões inundaram minha mente: *Sou um templo do Espírito Santo, e o que eu coloco diante dos meus olhos o Espírito Santo vê. E Ele se entristece com meu pecado e com minha iniquidade.*

Mas não desliguei. Assisti àquele programa profano. Lembro-me de me sentir muito impuro depois.

Em meu momento de silêncio com Deus na manhã seguinte, acheguei-me a Ele e disse: *Senhor, confesso isso a Ti. Peço que me perdoe. Não sei por que continuo a voltar a essa parte da minha vida repetidamente.* A verdade é que eu já sabia por que – era uma fortaleza não destruída em minha vida, remanescente da época antes de eu ser salvo. Eu ainda estava em laço de iniquidade nessa área de imoralidade.

No sábado à noite, eu cheguei à igreja e todos esperavam que eu fosse ministrar profeticamente de novo. Só havia um problema. Eu não conseguia ouvir a voz do Espírito Santo. Nada. Apenas silêncio. Eu havia confessado e me arrependido do meu pecado. E eu sabia que Deus, fiel à Sua Palavra, havia me perdoado. Mas, ainda assim, eu não podia ouvir nada. O Espírito Santo estava comigo, mas Ele estava em silêncio absoluto. Então, improvisei o melhor que eu pude. Acho que foi o culto mais longo em que já estive.

Eu estava muito apreensivo sobre o culto de domingo de manhã. Mas quando cheguei à igreja, o líder da equipe profética nos reuniu e disse:

"Tenho uma palavra do Senhor queimando em meu coração, e não acho que Ele quer que ministremos profeticamente hoje de manhã. Acho que Ele quer que eu pregue". Eu tentei não parecer aliviado demais.

Quando chegou o momento da pregação, aquele homem se levantou e disse: "O Senhor quer que eu ensine sobre o assunto de iniquidade. Quero mostrar a vocês algumas coisas em Sua Palavra sobre as prisões e fortalezas que muitos de nós temos – inclusive muitos cristãos maduros – e que detêm nossa eficácia no reino de Deus".

Eu estava sentado na primeira fileira e pensei: *Entendi, Senhor. Isso é para mim.*

Em certo ponto da mensagem, o preletor começou a dizer que, quando o Espírito Santo nos avisa sobre algo e nós ignoramos Seu aviso, isso é equivalente a dar um "empurrão" Nele. Praticamente, dizemos ao Espírito Santo: "Não quero Você na minha vida. Não quero escutá-Lo. Não quero segui-Lo – apesar de Você ter meus maiores interesses em mente". O pregador em seguida falou sobre como não podemos repelir o Espírito Santo com o pecado num momento e depois esperar que Ele fale conosco sobre outro assunto momentos depois. *Ai!* eu pensei.

Em seguida, ele foi inequivocamente claro. Ele disse: "Se você tem feito isso, você tem entristecido o Espírito Santo. E Deus me instruiu a dizer que se você se humilhar e vier a esse altar, Ele te libertará".

Lembro-me de que pensei, *Esse sou eu. Essa mensagem toda foi para mim, e eu quero desesperadamente ser liberto. Eu vou.*

Porém, imediatamente, tive outro pensamento. *Sou um dos pastores aqui. Não posso me ajoelhar lá na frente e responder a esse apelo. Não vou.*

Depois veio um terceiro pensamento: *As pessoas não irão presumir que eu tenho um pecado horrível na minha vida. Já que sou um pregador, elas pensarão que eu não tenho lido minha Bíblia e orado o suficiente. Eu vou lá.*

Enquanto eu estava ali de pé lutando comigo mesmo, o pregador disse mais uma coisa: "A propósito, não estou falando de pecados como não orar ou não ler sua Bíblia o suficiente. Estou falando sobre ter um pecado sujo, profano e vergonhoso em sua vida, pecado que tenha se tornado uma fortaleza".

Então o Espírito Santo falou gentilmente: *Você ainda vai, Robert? Você ainda quer ser liberto?*

Eu respondi: Sim, eu vou. Serei o primeiro a chegar lá, pois estou cansado de viver dessa maneira.

Caminhei até a frente e me ajoelhei no altar. Naquele momento, Deus fez uma cirurgia no meu coração e na minha vida da qual volto a me lembrar até hoje. Mas aí vai o resto da história.

Na segunda-feira de manhã, assim que meus olhos abriram, ouvi a clara e doce voz do Espírito Santo dizer duas palavras: *Feliz Aniversário!*

Naquela hora, lembrei-me de que eu havia pedido para ouvir a voz do Espírito Santo mais claramente. Mas Deus sabia que existia uma barreira dentro de mim – uma fortaleza de iniquidade que entristecia o Espírito Santo repetidamente. Ele sabia que aquele pecado me impedia de escutá -Lo claramente, então Ele trabalhou isso em mim, porque eu havia pedido.

Que presente maravilhoso. Que amigo maravilhoso.

Resumindo

O Espírito Santo falou algo com você através desses capítulos anteriores? Ele acendeu uma luz em alguma área escura da sua vida? Ele fez com que você descobrisse alguma área em que você está "em laço de iniquidade"?

Se você se humilhar hoje, Ele libertará você.

Você pode se ajoelhar onde você está agora mesmo e fazer desse lugar um altar. Você pode ser "o primeiro a chegar lá", como eu fui. O Espírito Santo se encontrará com você e o libertará.

PARTE III

A Grande Chegada

8

Vento e Fogo

I magine que você está conversando com uma boa amiga. No meio da conversa, ela fala sobre um homem que nunca havia mencionado antes. Ele parece interessante, então você faz algumas perguntas.

"Quem é ele?"

"Como ele é?"

"O que ele faz?"

Em essência, temos apresentado uma série similar de perguntas sobre o Espírito Santo. Ao responder algumas questões básicas que naturalmente perguntaríamos sobre qualquer pessoa, estou apresentando meu melhor amigo a você.

Nós começamos com a pergunta: "Quem é essa pessoa?" Prosseguimos com a importante pergunta: "Como é essa pessoa?" E agora vamos continuar cavando mais fundo para saber quem o Espírito Santo é, observando como Ele deu poder aos primeiros cristãos no Dia de Pentecostes.

DEFINIÇÕES

Antes de analisarmos o Dia de Pentecostes, precisamos examinar a palavra *Pentecostal*. Essa palavra carrega diferentes significados para diferentes pessoas. *Pentecostal* tem uma definição cultural e uma definição bíblica. Elas se diferenciam uma da outra.

Cultural

Vamos explorar a definição cultural por um momento. Para muitas pessoas em nossa cultura, o termo *Pentecostal* descreve uma pessoa de uma tradição muito religiosa em que mulheres não podem vestir calça comprida, nem usar maquiagem. Como essa tradição também desaprova que as mulheres cortem o cabelo, muitas fazem coque bem alto e volumoso para prendê-lo. Essa prática deu vida a uma antiga piada que diz "quanto maior o coque, mais perto de Deus".

> Proibições **RÍGIDAS** e práticas **REFERENTES À FORMA DE SE VESTIR** e de se **PENTEAR** são nada menos do que uma prisão **LEGALISTA**.

Em minha opinião, proibições rígidas e práticas referentes à forma de se vestir e de se pentear são nada menos do que uma prisão legalista. Elas não têm nada a ver com a obra do Espírito Santo na vida e no ministério do povo de Deus. A propósito, o legalismo não é exclusividade dessas denominações "pentecostais". Muitas igrejas não pentecostais são igualmente presas ao legalismo.

No entanto, se essa é sua definição do termo *pentecostal*, então posso dizer com confiança: "Não, o Espírito Santo *não* é pentecostal".

Bíblica

Se sua definição de *pentecostal* significa "alguém que entende e aprecia o cumprimento histórico da Festa de Pentecostes descrita em Atos 2", então eu responderia: "Sim, o Espírito Santo é pentecostal". Se o termo descreve alguém que entende que os frutos, os dons e a amizade do Espírito Santo estão todos disponíveis para nós hoje – e que todos nós temos uma necessidade desesperada de Sua capacitação para viver a vida cristã – então novamente eu responderia: "Sim, o Espírito Santo é pentecostal!".

Então, em termos bíblicos, a resposta rápida é sim. Mas se quisermos realmente entender a resposta, precisamos primeiro desenvolver um entendimento de Pentecostes, o evento.

O Dia de Pentecostes

A fim de explorar por que o Dia de Pentecostes possui tamanha significância para nós, vamos dar uma olhada nas primeiras linhas de Atos 2:

"E, cumprindo-se o dia de Pentecostes, estavam todos concordemente no mesmo lugar; E de repente veio do céu um som, como de um vento veemente e impetuoso, e encheu toda a casa em que estavam assentados. E foram vistas por eles línguas repartidas, como que de fogo, as quais pousaram sobre cada um deles. E todos foram cheios do Espírito Santo, e começaram a falar noutras línguas, conforme o Espírito Santo lhes concedia que falassem."

(versículos 1-4, ACF)

Note que essa passagem começa com *"estavam todos concordemente no mesmo lugar"*. *"Todos"* se refere aos 120 principais seguidores de Jesus, incluindo os doze discípulos (sendo o décimo segundo Matias, que havia sido escolhido para substituir Judas). Essa frase revela um tempo, um local e uma atitude. O tempo era o dia da festa judaica de Pentecostes. O local descrito como *"no mesmo lugar"* se refere a um cenáculo em Jerusalém. E a atitude daqueles que se reuniram era *"concordemente"*, o que significa que estavam em unidade de mente e coração.

De repente, todos eles ouviram um tremendo barulho que soava como um vendaval. Na verdade, o barulho era tão alto que as pessoas de toda a cidade o ouviram. Ainda mais extraordinário, além de *ouvir* aquele som, eles *viram "línguas, como que de fogo"* que pareciam pousar sobre cada um deles individualmente.

Após ouvir algo que nunca haviam escutado e ver algo que nunca haviam visto, essas pessoas de repente se encontraram com o poder de fazer algo que nunca haviam feito: *"E todos foram cheios do Espírito Santo, e começaram a falar noutras línguas, conforme o Espírito Santo lhes concedia que falassem"* (v. 4).

A palavra grega traduzida como "línguas" é glossa, que é a raiz da palavra "glossário". Ela significa "idioma". Ou seja, as 120 pessoas reunidas naquele lugar de repente começaram a falar línguas que não conheciam.

Essa sequência de eventos naturalmente nos faz querer saber o que estava acontecendo. E por que esses eventos aconteceram naquele dia em particular – o dia da festa judaica de Pentecostes?

A História de Pentecostes

Pentecostes era e ainda é uma das três maiores festas da nação de Israel. O próprio Deus instituiu esses eventos através de Moisés. O calendário santo judaico contém um total de sete festas, mas todas as sete se encontram em três grandes feriados de vários dias que ocorrem no primeiro, no terceiro e no sétimo mês do calendário judaico. Esses três feriados são a Festa da Páscoa, a Festa de Pentecostes e a Festa dos Tabernáculos. Antes de os exércitos romanos destruírem o templo de Jerusalém em 70 d.C., judeus de todo o mundo romano viajavam a Jerusalém três vezes ao ano para fazer sacrifícios e para celebrar essas festas.

Na Festa da Páscoa, eles celebravam o evento em que, séculos antes, no Egito, o anjo da morte passou sobre os filhos de Israel na noite anterior à sua grande libertação da escravidão. Naquela noite, eles foram salvos por terem passado o sangue de um cordeiro nos umbrais da porta de suas casas. Esse acontecimento previa o dia futuro quando toda a humanidade receberia a oferta de libertação da escravidão do pecado e da morte eterna através do sangue de Jesus, o Cordeiro de Deus.

Como o nome sugere, a Festa de Pentecostes sempre foi celebrada no quinquagésimo dia após o festival da Páscoa. *Pente* é a palavra grega para "cinco", e o sufixo *koste* indica "vezes dez". Essa festa comemorava o fato de Deus ter dado a Lei a Moisés no Monte Sinai cinquenta dias depois do êxodo do Egito.

Como você talvez saiba, o número sete aparece muitas vezes ao longo das Escrituras e simboliza inteireza, maturidade plena, ou perfeição. Deus ordenou que a Festa de Pentecostes ocorresse sete semanas após a Páscoa, mais um dia. Já que uma semana é composta de sete dias, Pentecostes acontece um dia depois de sete dias vezes sete – um período de tempo perfeitamente perfeito.

Isso é tão apropriado! Como você está prestes a ver, Deus usou o festival divinamente ordenado de Pentecostes para apresentar a pessoa que tornaria possível que todo crente se tornasse maduro e completo.

O Que Aconteceu no Dia de Pentecostes?

A Jerusalém do século I era um lugar sempre cheio e movimentado. Mas, durante as temporadas das grandes festas, peregrinos judeus de todo o Império Romano enchiam a cidade até transbordar. Duas invasões diferentes na história de Israel e de Judá – a primeira pelos assírios (722 a.C.) e a segunda pelos babilônios (586 a.C.) – haviam espalhado o povo judeu por todo o mundo conhecido. No tempo de Jesus, mais judeus viviam fora da província romana, que antes havia sido Israel, do que dentro.

Não havia outro período em que Jerusalém ficava mais lotada de pessoas de uma gama mais diversa de nações do que durante o período de oito semanas que seguiam a Páscoa até o Dia de Pentecostes. Esse é o cenário para os eventos do domingo de Pentecostes.

Agora, lemos como o som de um furacão encheu o salão e uma visível manifestação de uma língua de fogo pousou sobre cada um dos 120 indivíduos presentes. Isso resultou em todos falando em *"outras línguas"*. Mas o que acontece depois?

"E em Jerusalém estavam habitando judeus, homens religiosos, de todas as nações que estão debaixo do céu. E, quando aquele som ocorreu, ajuntou-se uma multidão, e estava confusa, porque cada um os ouvia falar na sua própria língua. E todos pasmavam e se maravilhavam, dizendo uns aos outros: Pois quê! não são galileus todos esses homens que estão falando? Como, pois, os ouvimos, cada um, na nossa própria língua em que somos nascidos? Partos e medos, elamitas e os que habitam na Mesopotâmia, Judeia, Capadócia, Ponto e Ásia, e Frígia e Panfília, Egito e partes da Líbia, junto a Cirene, e forasteiros romanos, tanto judeus como prosélitos, cretenses e árabes, todos nós temos ouvido em nossas próprias línguas falar das grandezas de Deus. E todos se maravilhavam e estavam perplexos, dizendo uns para os outros: Que quer isto dizer? E outros, zombando, diziam: Estão cheios de mosto."

Atos 2:5-13 ACF

Assim como mencionamos anteriormente, pessoas que estavam bem longe do cenáculo ouviram o som do vento. Como consequência desse som, "*ajuntou-se uma multidão*". Quando a grande multidão havia se reunido, testemunhou algo que a deixava "*confusa*". A multidão estava pasma "*porque cada um os ouvia falar na sua própria língua*".

Dois milagres parecem estar acontecendo aqui. Primeiro, 120 pessoas de repente começam a falar em variadas línguas celestiais que nunca haviam conhecido antes. Segundo, milhares de pessoas ouvem esses indivíduos falarem em sua própria língua materna. Ou seja, o povo da Líbia os ouvia falando líbio, os cretenses ouviam as mesmas pessoas falando o idioma de Creta, os romanos ouviam as mesmas frases no perfeito latim.

Não é surpresa que "*todos pasmavam e se maravilhavam*"! O fato de que muitas das pessoas que falavam eram "*galileus*" aumentou a perplexidade da multidão. Quando os judeus refinados que viviam na cidade usaram o termo *galileus*, eles estavam essencialmente chamando aquelas pessoas de camponeses ignorantes. A multidão estava dizendo: "Aqueles caipiras da Galileia geralmente nem sequer falam uma língua corretamente. Como eles de repente sabem meu idioma e o de todo mundo aqui?" Além disso, a multidão ouvia os seguidores de Jesus falando "*em nossas próprias línguas... das grandezas de Deus*" (v. 11).

> Não é **SURPRESA** que "todos **PASMAVAM** e se maravilhavam"!

Pense sobre como esse evento deve ter sido unificador. A aglomeração de pessoas reunidas era incrivelmente diversa. Elas vinham de diferentes culturas e nações, tinham diferentes históricos e idiomas – que as separavam e as isolavam umas das outras. Mas, repentinamente, elas se ajuntaram e compartilharam a mesma experiência – a mesma maravilhosa mensagem – em unidade.

Essa unidade, tornada possível pelo Espírito Santo, permitiu que os primeiros cristãos começassem a construir algo de importância eterna. Na verdade, como Efésios 2 nos lembra, nós *somos* o edifício:

> "*Portanto, vocês já não são estrangeiros nem forasteiros, mas concidadãos dos santos e membros da família de Deus, edificados sobre*

o fundamento dos apóstolos e dos profetas, tendo Jesus Cristo como pedra angular, no qual todo o edifício é ajustado e cresce para tornar-se um santuário santo no Senhor. Nele vocês também estão sendo juntamente edificados, para se tornarem morada de Deus por seu Espírito."

(versículos 19-22)

No Dia de Pentecostes, Deus desceu e fez com que a língua deixasse de ser uma barreira para conhecê-Lo. À propósito, isso nos dá uma formidável prévia do Céu, onde todas as tribos, línguas e nações se reunirão, todas falando o mesmo idioma – o idioma de louvor a Deus.

Foi precisamente isso o que aconteceu no Dia de Pentecostes.

O Que Pentecostes Significa para Nós

Permita-me lhe dizer algo sobre Pentecostes que poucas pessoas compreendem. Pela primeira vez desde a queda do homem no Éden, a vinda do Espírito Santo capacitou pessoas a andarem corretamente na Terra. Sabemos que Jesus veio para nos tornar *posicionalmente* justos; ou seja, Sua morte e Sua ressurreição nos colocam em posição correta diante de Deus. Mas muitas vezes não percebemos o fato de que o Espírito Santo nos capacita a viver de maneira consistente com nossa posição justificada em Cristo.

Quando a Lei foi dada a Israel através de Moisés, ninguém podia guardá-la. A Lei dava aos israelitas um entendimento do que agradava a Deus, mas não podia dar a eles a capacidade interior de vivê-la. Com sua natureza decaída ainda intacta, eles simplesmente não tinham nenhum poder para guardar a Lei.

No entanto, quando o Espírito Santo enche a vida de uma pessoa, coisas incríveis acontecem. Um espírito humano morto é regenerado pelo Espírito Santo. Ele escreve uma nova lei no coração daquele crente. Essa lei não são os Dez Mandamentos; ao invés, é a "Lei do Amor". Qualquer um que cumprir essa lei nunca será culpado por violar os Dez Mandamentos ou por desagradar a Deus de alguma forma. Na verdade, Jesus disse que todo o ensinamento da Lei e dos Profetas poderia ser resumido como

"Ame a Deus com todo o seu coração" e "Ame ao seu próximo como a si mesmo".

Mas isso não é tudo. Quando uma pessoa recebe uma liberação completa do poder do Espírito Santo, ela recebe a capacitação para andar em amor. Ou seja, não podemos andar corretamente sem o poder do Espírito Santo.

> Não podemos **ANDAR** corretamente **SEM** o **PODER** do Espírito Santo.

Isso é o que o apóstolo Paulo proclama em Romanos 8, começando com a conhecida e maravilhosa promessa: *"Portanto, agora já não há condenação para os que estão em Cristo Jesus"* (v. 1). Sempre que vemos a palavra *portanto* nas Escrituras, devemos procurar o que precede aquela promessa. Neste caso, podemos buscar em Romanos 7, onde Paulo expressa pensamentos com os quais todo crente frustrado pode se identificar:

> *"Sei que nada de bom habita em mim, isto é, em minha carne. Porque tenho o desejo de fazer o que é bom, mas não consigo realizá-lo. Pois o que faço não é o bem que desejo, mas o mal que não quero fazer, esse eu continuo fazendo... Miserável homem eu que sou! Quem me libertará do corpo sujeito a esta morte?"*
> *(versículos 18-19, 24)*

É claro, quando Paulo escreveu essa carta aos romanos, não havia divisão de capítulos. Ele partiu diretamente desse clamor do coração por santidade (*"Miserável homem... Quem me libertará?"*) para a solução. Paulo nos lembra de que somos *posicionalmente* justos e depois continua a descrever a chave para viver de maneira consistente com nossa posição:

> *"Portanto, agora nenhuma condenação há para os que estão em Cristo Jesus, que não andam segundo a carne, mas segundo o Espírito."*
> *Romanos 8:1, ACF*

Paulo continua explicando a diferença entre viver de acordo com nossa velha natureza da "*carne*" e viver no Espírito: "*Quem vive segundo a carne tem a mente voltada para o que a carne deseja; mas quem vive de acordo com o Espírito, tem a mente voltada para o que o Espírito deseja"* (v. 5).

Repetidamente, Paulo enfatiza o papel do Espírito Santo em nos capacitar a viver vidas alinhadas com a posição justa que Jesus comprou para nós através de Seu sangue.

> *"Pois se vocês viverem de acordo com a carne, morrerão; mas, se pelo Espírito fizerem morrer os atos do corpo, viverão, porque todos os que são guiados pelo Espírito de Deus são filhos de Deus. Pois vocês não receberam um espírito que os escravize para novamente temer, mas receberam o Espírito que os adota como filhos, por meio do qual clamamos: 'Aba, Pai'. O próprio Espírito testemunha ao nosso espírito que somos filhos de Deus. Se somos filhos, então somos herdeiros; herdeiros de Deus e co-herdeiros com Cristo, se de fato participamos dos seus sofrimentos, para que também participemos da sua glória."*
>
> *(versículos 13-17)*

Como esses versículos deixam claro, quando cultivamos uma amizade com o Espírito Santo e nos rendemos à Sua influência, podemos parar de nos sentir como pessoas miseráveis. Somente então poderemos parar de fazer as coisas más que não queremos fazer e passar a fazer as coisas boas que queremos fazer.

O Espírito Santo Muda Todas as Coisas

Para os doze discípulos de Jesus e para os outros 108 reunidos no cenáculo, no domingo de Pentecostes, o derramamento do Espírito Santo mudou tudo.

Antes daquele dia, eles lutavam para entender as Escrituras. Depois, perceberam que todo o Antigo Testamento apontava profética e simbolicamente para a vida e para a obra redentora de Jesus. O que anteriormente havia sido envolto em mistério, de repente, se tornou completamente claro.

Antes daquele dia, os discípulos eram tímidos e medrosos – se escondiam em salas trancadas e temiam as batidas na porta. Uma pequena menina havia intimidado Pedro, um pescador fortão, ao ponto de este negar e jurar que não conhecia Jesus. Mas, após aquele dia extraordinário, os discípulos personificaram ousadia e confiança. Eles proclamavam Jesus em praças públicas e em sinagogas. Quando presos e maltratados com surras, ou algo pior, se não parassem de pregar, eles ignoravam e diziam: "Eu vou pregar!". Eles não mais temiam a desaprovação do homem!

A transformação trazida pelo derramamento do Espírito Santo no Dia de Pentecostes foi nada menos que espantosa. Isso nos leva às seguintes indagações lógicas: Nós podemos experimentar o milagre do domingo de Pentecostes ainda hoje? Se sim, como?

9

Pentecostes Agora

Talvez você seja como eu e ocasionalmente inveja as pessoas da Bíblia que testemunharam extraordinárias obras de Deus ou sinais e maravilhas espetaculares. Não foi possível eu e você testemunharmos a abertura do Mar Vermelho, nem foi possível fazermos parte da incrível façanha de construção de Noé (esse navio já partiu, por assim dizer). Mas posso garantir a você uma coisa: apesar de aquele dia maravilhoso, Pentecostes, ter ocorrido dois mil anos atrás, nós *ainda podemos* experimentá-lo!

Cada Um e Todos

Para explorar as razões por que podemos experimentar Pentecostes agora, vamos retornar a Atos 2:3-4:

> *"E foram vistas por eles línguas repartidas, como que de fogo, as quais pousaram sobre cada um deles. E todos foram cheios do Espírito Santo, e começaram a falar noutras línguas, conforme o Espírito Santo lhes concedia que falassem." (ACF)*

Enfatizei *cada um* e *todos* nesses versículos porque essas duas palavras nos dizem algo importante sobre o que aconteceu naquele dia. Os 120 indivíduos naquele cenáculo representavam um vasto espectro da sociedade. Pessoas ricas e influentes como José de Arimateia e Nicodemos provavelmente estavam lá. Além disso, os ex-mendigos cegos e os leprosos, que Jesus havia curado, e as ex-prostitutas, a quem Ele havia ministrado, deviam estar lá também. Alguns, como os doze discípulos, estavam no "ministério integral". Outros eram simples comerciantes, fazendeiros ou donas de casa.

Você lembrará que uma língua de fogo, significando a presença interior do Espírito Santo derramado, veio e pousou sobre cada um deles. Se você e eu estivéssemos naquela sala, você teria visto uma língua de fogo sobre a minha cabeça e eu teria visto uma sobre a sua! Em outras palavras, aquele batismo no Espírito de Deus não foi apenas para a elite ou para aqueles em ministério integral. *"Todos foram cheios do Espírito Santo"*, e todos *"começaram a falar noutras línguas, conforme o Espírito Santo lhes concedia que falassem"*.

O batismo no Espírito Santo é para todos. Se estivéssemos presentes no Dia de Pentecostes, suspeito que não poderíamos ver nossas próprias chamas. Por quê? Porque acho que teríamos que receber e acreditar *pela fé* que Deus também nos havia dado uma língua de fogo. Precisaríamos confiar que não apenas as "pessoas espirituais" haviam sido capacitadas, mas todos.

Permita-me dividir com você um segredo. É exatamente isso que devemos fazer para receber o Espírito Santo. Recebemos o Espírito Santo e Seu ministério da mesma forma como recebemos Jesus – pela fé.

O Futuro e Além

Portanto, podemos experimentar o poder do Espírito Santo hoje? Para uma resposta, vamos retornar mais um passo e dar uma olhada nas importantes palavras de Jesus no capítulo anterior de Atos:

"Certa ocasião, enquanto comia com eles, deu-lhes esta ordem: 'Não saiam de Jerusalém, mas esperem pela promessa de meu Pai, da qual lhes falei. Pois João batizou com água, mas dentro de poucos dias vocês serão batizados com o Espírito Santo'".

Atos 1:4-5

Note a palavra *"promessa"* na declaração de Jesus: *"a promessa de meu Pai"*. Essa promessa não era *o que*, mas *quem*: *"Pois João batizou com água, mas dentro de poucos dias vocês serão batizados com o Espírito Santo"*.

Tendo em mente a descrição de Jesus sobre o Espírito Santo como uma promessa, veja o que aconteceu imediatamente após o derramamento do Espírito no domingo de Pentecostes. Depois de o som e a agitação arrastarem uma grande multidão para a área de Jerusalém, onde os 120 estavam reunidos, todos ficaram *"atônitos e perplexos, todos perguntavam uns aos outros: 'Que significa isto?'"* (At 2:12).

Em resposta, Pedro se levanta e faz o primeiro sermão profético de todos inspirado pelo Espírito Santo. De improviso, ele cita passagens do Antigo Testamento que falavam sobre o derramamento do Espírito Santo e como Sua vinda capacitaria o povo de Deus a profetizar. Aquele Pedro, que antes era tímido, acaba proclamando audaciosamente Jesus como o Messias .

Em apoio à pregação de Pedro, o Espírito Santo faz especificamente o que Ele havia sido enviado para fazer: Ele convence os corações e atrai as pessoas a Jesus. Observe como o povo que ouvia Pedro respondeu:

> Aquelas **PESSOAS TESTEMUNHARAM** uma **DEMONSTRAÇÃO** sobrenatural do **PODER** do Espírito Santo

"Quando ouviram isso, os seus corações ficaram aflitos, e eles perguntaram a Pedro e aos outros apóstolos: 'Irmãos, que faremos?'"

Atos 2:37

Aquelas pessoas testemunharam uma demonstração sobrenatural do poder do Espírito Santo e ouviram um sermão sobre como o derramamento do Espírito foi profetizado pelo profeta Joel. Com aquela pergunta, elas estavam basicamente perguntando: "O que precisamos fazer para ter um relacionamento com Deus como vocês têm?" É claro, Pedro responde a essa questão com alegria:

"Arrependam-se, e cada um de vocês seja batizado em nome de Jesus Cristo, para perdão dos seus pecados, e receberão o dom do Espírito Santo. Pois a promessa é para vocês, para os seus filhos e para todos os que estão longe, para todos quantos o Senhor, o nosso Deus chamar."

(versículos 38-39)

Pedro rapidamente aponta três passos simples:

1. Arrepender-se
2. Ser batizado nas águas
3. Receber o Espírito Santo

O que Pedro aponta aqui vai dois passos além de simplesmente receber a salvação. Ele apresenta um mapa do caminho para experimentar cada coisa maravilhosa que está disponível para o crente em Cristo.

Perceba que Pedro termina sua resposta se referindo à "promessa". É claro, apenas dez dias antes, Jesus havia se referido ao Espírito Santo como a promessa. Agora, Pedro diz que essa promessa é *"para vocês, para os seus filhos e para todos os que estão longe, para todos quantos o Senhor, o nosso Deus chamar"*.

Pedro deixa claro que a promessa do Espírito Santo é não apenas para as pessoas com quem ele está falando diretamente, mas também para as gerações futuras (*"seus filhos"*). E a frase *"para todos os que estão longe"* se refere diretamente ao Robert Morris do norte do Texas. E também se refere diretamente a você. A promessa é para todos a quem Deus chamar – em qualquer tempo e em qualquer lugar.

Um Evento Único

Deus chamou você? Sim, Ele chamou. Você pode experimentar Pentecostes? Claro – é uma promessa.

No entanto, alguns céticos argumentam que a promessa não pode valer para hoje, porque Pentecostes foi um acontecimento único. Porém, Pentecostes nem aconteceu apenas uma vez no livro de Atos. Outros grupos de pessoas receberam o derramamento do Espírito Santo em Atos 8, 10 e 19 também.

Em Atos 8, os apóstolos enviaram Pedro e João para ministrar a um grupo de novos cristãos em Samaria:

"Os apóstolos em Jerusalém, ouvindo que Samaria havia aceitado a palavra de Deus, enviaram para lá Pedro e João. Estes, ao chegarem, oraram para que eles recebessem o Espírito Santo, pois o Espírito ainda não havia descido sobre nenhum deles; tinham apenas

sido batizados em nome do Senhor Jesus. Então Pedro e João lhes impuseram as mãos, e eles receberam o Espírito Santo."

(versículos 14-17)

Em Atos 10, Pedro viaja para visitar um grupo de gentios em Cesareia que estavam sedentos por ouvir sobre Jesus. Até então, somente judeus haviam sido salvos e recebido o Espírito Santo. Enquanto Pedro contava àquele grupo a história básica do Evangelho: *"o Espírito Santo desceu sobre todos os que ouviam a mensagem. Os judeus convertidos que vieram com Pedro ficaram admirados de que o dom do Espírito Santo fosse derramado até sobre os gentios, pois os ouviam falando em línguas e exaltando a Deus"* (At 10:44-46).

E em Atos 19, *"Quando Paulo lhes impôs as mãos, veio sobre eles o Espírito Santo, e começaram a falar em línguas e a profetizar"* (v. 6).

Já ouvi algumas pessoas dizerem "Eu não posso experimentar Pentecostes porque isso aconteceu dois mil anos atrás". Minha resposta é apresentar um questionamento: Você pode ser salvo por causa da morte e da ressurreição de Jesus? É claro! Todos os dias pessoas são salvas ao colocar sua fé em Jesus Cristo. Bem, isso aconteceu dois mil anos atrás também. Você não estava vivo quando Jesus estava na Terra, mas a salvação é completamente disponível para você agora, pois através de Sua morte e Sua vitória sobre a morte, Jesus abriu a porta de uma vez por todas.

O mesmo prevalece como verdade para o Espírito Santo. Pentecostes foi o derramamento inicial do Espírito Santo, iniciando uma experiência que continua até hoje. O Espírito de Deus ainda está aqui, ainda trabalha, ainda atrai pessoas a Jesus e ainda as enche com poder do alto.

Nós *podemos* receber Jesus como Salvador. Nós *precisamos* fazer isso. É essencial. Nós *podemos* receber o batismo no Espírito Santo. Nós *precisamos* fazer isso também, e isso também é essencial. Uma breve observação sobre as festas de Israel revela o porquê.

> Alguns **CÉTICOS** argumentam que a **PROMESSA** não pode valer para **HOJE**, porque Pentecostes foi um acontecimento **ÚNICO**.

O Que as Festas de Israel Significam para Nós

Páscoa. Pentecostes. Tabernáculos. Como observamos anteriormente, Deus estabeleceu essas três grandes festas no Antigo Testamento. Às vezes, elas são chamadas de festivais da peregrinação, pois toda a nação judaica se reunia em Jerusalém para adorar e para oferecer sacrifícios no templo. Já exploramos a conexão histórica entre a Festa de Pentecostes e o Dia de Pentecostes, e agora vamos ver brevemente as outras duas festas e sua importância para nós hoje.

Páscoa

A Páscoa envolvia o sacrifício de um cordeiro cujo sangue derramado expiaria os pecados da nação. Essa festa foi claramente cumprida na morte de Jesus na cruz, mas talvez você não saiba quantos paralelos incríveis na verdade existem. Por exemplo, o cordeiro da Páscoa foi morto às nove da manhã, cortando sua garganta. Às nove da manhã do dia da crucificação de Jesus, os pregos foram pregados em Suas mãos e em Seus pés. Às três da tarde, o cordeiro da Páscoa foi colocado no forno de pedra para ser assado e preparado para a refeição da Páscoa. Às três da tarde do dia em que Jesus morreu, Ele foi colocado num sepulcro de pedra.

Depois que o cordeiro da Sexta-feira de Páscoa era colocado no forno, o pai da família judaica pegava uma fatia de pão sem fermento e a escondia em algum lugar da casa. O fermento ou a levedura representava o pecado, então o pão sem fermento simbolizava pureza e ausência de pecado. No domingo, o dia depois do *Shabat*, o pai retirava o pão escondido e o oferecia a Deus, apresentando-o diante Dele como as "primícias" da colheita. Deus Pai escondeu o corpo de Seu Filho sem pecado no sepulcro. No domingo, Jesus ressuscitou como "*o primogênito de muitos irmãos*" (Rm 8:29) e como "*as primícias dentre aqueles que dormiram*" (1 Co 15:20).

Tabernáculos

E quanto à terceira grande festa de peregrinação – a Festa dos Tabernáculos? Na verdade, ela ainda não foi cumprida. A Festa dos Tabernáculos possui outro nome, a Festa das Trombetas.

A festa da Páscoa foi cumprida em um único dia. Da mesma forma, o Pentecostes inicial foi completado em um dia. Assim também, está vindo um dia – a Bíblia diz que nenhum homem sabe o dia nem a hora – quando a trombeta soará e Jesus retornará para Sua noiva. Então todos os cristãos irão habitar para sempre no "Tabernáculo" do Senhor. Esse dia futuro em que Cristo voltará irá cumprir a Festa dos Tabernáculos. Será um grande dia!

Algumas Perguntas Pessoais

Você pode experimentar o cumprimento da Páscoa, que significa ser perdoado dos seus pecados ao aceitar Jesus Cristo como seu Salvador? Claro que pode.

Como crente, você pode experimentar o cumprimento da Festa dos Tabernáculos, que significa ir para o Céu e estar com o Senhor num dia vindouro? Mais uma vez, a resposta é sim.

Se você é cristão, você já experimentou pessoalmente o que a Festa da Páscoa representava. E, um dia, iremos experimentar o que a Festa dos Tabernáculos representava. Então, isso nos leva a uma questão óbvia sobre o evento de Pentecostes.

Não faz sentido o fato de que também podemos experimentar o que a Festa de Pentecostes representa? Se podemos saber as realidades do cumprimento da Páscoa e da Festa dos Tabernáculos, certamente também podemos conhecer a realidade completa de Pentecostes.

Você conhece? Já experimentou o que numerosos grupos de crentes do livro de Atos experimentavam? Ou, permita-me fazer essa pergunta que Paulo fez em Atos 19: *"Vocês receberam o Espírito Santo quando creram?"* (v. 2).

O Início da Minha Amizade com o Espírito Santo

Demorei um tempo para responder essa questão para mim mesmo. Eu era um cristão nascido de novo há alguns anos, antes de experimentar o cumprimento de Pentecostes na minha vida. Um pastor que era cheio do Espírito Santo abriu os meus olhos para a necessidade de receber a plenitude do

Espírito Santo. Ele estava pregando e me fez um convite no final de seu sermão. Com certo receio e apreensão, eu fui à frente. Lembre-se, eu havia recebido muitos ensinamentos negativos sobre o Espírito Santo no passado e havia visto algumas pessoas muito esquisitas que diziam ter relacionamento com Ele.

Lembro-me de haver pensado: *Ok, Espírito Santo. Eu quero receber você, mas não quero mudar meu cabelo, não quero ser esquisito, e definitivamente não quero falar em línguas.* Não usei exatamente essas palavras, mas a atitude do meu coração dizia: *Espírito Santo, eu quero que você venha sobre mim, mas somente com as minhas condições. Estou recebendo você, apesar de ter algumas reservas quanto a isso. Quero que você saiba que eu tenho algumas preocupações e estipulações, mas se Você puder agir de acordo com minhas condições e prometer se comportar, então será bem-vindo na minha vida. Até certo ponto... eu acho.*

Não é de surpreender que não vi muito aumento de poder ou atividade milagrosa em minha vida após aquele convite fraco e insultante que fiz. Mais ou menos um ano depois, após passar bastante tempo estudando o que a Bíblia fala sobre a obra e o ministério do Espírito Santo, eu fiquei profundamente convicto e arrependido da minha atitude anterior. Eu percebi que havia permitido que meu preconceito religioso e minhas concepções erradas me impedissem de receber completamente o Espírito Santo.

> Deus, eu **CONFIO** em Ti, e **QUERO** tudo que **O SENHOR** tem para **MIM**.

Não muito depois, eu fui novamente ao altar durante um apelo, mas naquela vez eu tinha um coração aberto e desejoso que dizia: *Deus, eu confio em Ti, e quero tudo que o Senhor tem para mim. Quero ser o servo mais eficaz que eu possa ser. Desejo ser capacitado da mesma forma que os discípulos foram naquele cenáculo. Eu quero Seus dons. Quero Seu poder. Quero Você, Espírito Santo de Deus.*

Muitas pessoas têm uma experiência similar com o Espírito Santo. Elas até fazem a oração, mas seus corações dizem: *Quero um pouco do que o Senhor está oferecendo, Espírito Santo, mas não tudo. Quero escolher entre os dons que o Senhor quer me dar, pois não confio em Ti o bastante para escolher para mim.*

Entretanto, Deus não opera nesses termos. Confiar em Sua bondade e se render aos Seus planos e propósitos são a chave para a vida e para as bênçãos no Seu reino.

Resumindo

Escrevi este livro não para fins de informação, mas para transformação. Meu objetivo não é satisfazer sua curiosidade ou adicionar riqueza ao seu conhecimento. Minha meta é estimular sua sede de Deus. Desejo que você seja transformado pela Palavra Dele.

Então, posso lhe fazer uma pergunta pessoal? Você precisa receber o Espírito Santo? Você precisa experimentar a realidade completa de Pentecostes? Antes de responder, talvez você deva fazer a *Ele* essa pergunta com um coração aberto, confiante e humilde.

Se a resposta for sim, tudo que você precisa fazer é pedir. Mas você deve pedir sem condições. Por quê? Porque Ele é Deus. Apenas se lembre de que Ele não é um Deus esquisito. Ele também não é um Deus durão. Ele é um Deus bondoso e manso que deseja nos encher de amor, paz e alegria! Abra seu coração a Ele e não permita que nenhum abuso ou uso impróprio que você tenha visto no passado faça com que você peça com receio.

Da mesma forma como você recebeu Jesus pela fé, abra seu coração e receba o Espírito Santo com fé e alegria!

PARTE IV

A Transferência de Poder

10

Submerso

Você provavelmente já viu fotos da Torre inclinada de Pisa, na Itália. Na verdade, essa torre é um campanário da catedral da cidade de Pisa. Você sabia que esse famoso monumento foi projetado para ficar ereto? Mas por causa de uma fundação mal construída, a torre começou a se inclinar logo após o início de sua construção em 1173.

Fundações são importantes, pois elas transferem o peso de um edifício para o solo. Pense na fundação da sua casa. Talvez seja uma fundação do tipo rasa, uma laje de concreto sobre colunas e vigas, para suspender a maior parte da sua casa acima do solo, protegendo-a de possíveis enchentes, ou uma fundação mais profunda, no subsolo, ou até com porão. Em grandes construções, as fundações frequentemente se estendem até o nível rochoso do solo.

Estamos aprendendo que o Espírito Santo é uma pessoa que pode ser nosso amigo. Entendemos agora que Ele não é uma força mística ou impessoal, mas uma pessoa a quem podemos conhecer, amar e em quem podemos confiar. Essa fundação é essencial para abordarmos o próximo assunto da forma apropriada.

O Diabo Desperta Controvérsia

"Batismo *no* Espírito Santo."

"O batismo *do* Espírito Santo."

Você já ouviu esses termos sendo usados no meio cristão? Se sim, eles provavelmente vieram com alguma controvérsia ou negatividade atada a eles.

Não devemos ficar surpresos com o fato de que o diabo quer despertar controvérsia acerca da obra e dos métodos da terceira pessoa da Trindade.

Ver o povo de Deus andando em amizade íntima com o Espírito Santo e sendo capacitado por esse relacionamento é o pior pesadelo de satanás. Isso significaria centenas de milhões de pequenos cristos desfazendo todas as obras do maligno. Aliás, Atos 10:38 nos diz: *"como Deus ungiu a Jesus de Nazaré com o Espírito Santo e poder, e como ele andou por toda parte fazendo o bem e curando todos os oprimidos pelo diabo"*.

Por que há tanta confusão em torno da relação entre batismo e o Espírito Santo? Isso acontece em parte porque a Bíblia menciona alguns batismos diferentes, dos quais dois envolvem o Espírito Santo.

Para a maioria de nós, o batismo na água é algo conhecido. Podemos lidar com esse tipo de batismo facilmente, pois a Bíblia o descreve claramente – a atividade de João Batista no Rio Jordão, por exemplo. E se você é membro de uma igreja que o pratica, você está acostumado a vê-lo com frequência.

Ainda assim, a Bíblia menciona dois batismos que não podemos ver com nossos olhos físicos. Podemos ver apenas os efeitos deles na vida de uma pessoa. Vamos explorar todos os três para entender as diferenças.

O Batismo do Espírito Santo

O primeiro dos batismos que uma pessoa pode e deve experimentar é mencionado em 1 Coríntios 12:13: *"Pois pelo Espírito todos nós fomos batizados em um único corpo – quer judeus, quer gregos, quer escravos, quer livres"* (tradução livre do inglês).

Preste atenção na gramática nesse versículo. (Por favor, não pule essa parte só porque eu mencionei a palavra *gramática*, e estou prestes a apontar algumas classes de palavras que você estudou no oitavo ano. Isso é bom e ajudará você) Você viu a preposição *pelo* no início do versículo? O dicionário nos diz que *pelo* significa "através da agência ou instrumentalidade de". Ou seja, *pelo* se refere a quem está fazendo a *ação*.

Portanto, quem está fazendo o batismo nesse versículo? O Espírito Santo. Quando eu e você experimentamos a salvação, fomos batizados no mesmo corpo – o corpo de Cristo. E o Espírito Santo é o agente que fez o batismo. Esse é o batismo *do* Espírito Santo. Mas não é o batismo *no* Espírito Santo.

Se você já nasceu de novo, é apenas porque o Espírito Santo atraiu e cortejou você, convenceu você de seu estado pecaminoso e o deixou ciente de sua separação de Deus. Quando você respondeu a esse cortejo escolhendo Jesus, o Espírito Santo fez uma obra sobrenatural de regeneração no seu espírito, tornando-o espiritualmente vivo – agora e para toda a eternidade. Naquele momento, você se tornou parte de algo muito maior do que si mesmo. Tornou-se um membro do corpo de Cristo. Como Paulo nos lembra em Romanos 12:4-5:

> *"Assim como cada um de nós tem um corpo com muitos membros e esses membros não exercem todos a mesma função, assim também em Cristo nós, que somos muitos, formamos um corpo, e cada membro está ligado a todos os outros."*

BATISMO NAS ÁGUAS

A maneira como nos tornamos "membros" do corpo de Cristo é através do batismo do Espírito Santo. Então, se formos obedientes aos comandos da Bíblia, escolheremos experimentar o segundo batismo, o nas águas. Como mencionei anteriormente, não há muita confusão acerca desse batismo, pois o vemos acontecendo com nossos próprios olhos e vemos exatamente quem o faz. É esse tipo de batismo que Jesus tinha em mente quando disse: *"Portanto, vão e façam discípulos de todas as nações, batizando-os em nome do Pai e do Filho e do Espírito Santo"* (Mt 28:19).

Esses dois primeiros batismos não têm nada de controverso. É claro, podemos sempre encontrar alguém religioso para discutir algum ponto sobre salvação e sobre o batismo nas águas, além de *o que* exatamente acontece no espiritual e exatamente *quando* acontece. No entanto, há grande consenso e entendimento de que quando nascemos de novo, o Espírito Santo nos batiza no corpo de Cristo, e o batismo nas águas é um sinal exterior do que aconteceu em nosso interior.

Como Efésios 2:1 nos lembra, nós estávamos mortos em nossas *"transgressões e pecados"* antes de virmos a Jesus. Mas alguns versículos depois, Paulo descreve o milagre da salvação da seguinte forma:

"Deu-nos vida juntamente com Cristo, quando ainda estávamos mortos em transgressões — pela graça vocês são salvos. Deus nos ressuscitou com Cristo e com ele nos fez assentar nos lugares celestiais em Cristo Jesus"

(v. 5-6).

Mortos. Enterrados. Ressurretos para uma nova vida. Esse é o maravilhoso simbolismo do batismo nas águas.

BATISMO NO ESPÍRITO SANTO

Eu mencionei antes que o "batizador" mais conhecido nas Escrituras foi João Batista. Já que ele é descrito como "o batizador", devemos prestar bastante atenção quando ele diz algo sobre batismo – especialmente quando ele menciona um tipo de batismo que não seja na água. Em Mateus 3:11 ele diz:

"Eu os batizo com água para arrependimento. Mas depois de mim vem alguém mais poderoso do que eu, tanto que não sou digno nem de levar as suas sandálias. Ele os batizará com o Espírito Santo e com fogo."

Quase todo mundo sabe e concorda que João está falando sobre Jesus. Então, permita-me parafrasear a declaração de João: "Vocês me veem submergindo pessoas arrependidas na água, mas eu sou apenas o precursor Daquele que é muito maior, Jesus, que submergirá os nascidos de novo no fogo do Espírito Santo".

A declaração de João é apenas uma de um punhado de declarações e relatos presentes em todos os quatro evangelhos – Mateus, Marcos, Lucas e João. Cada um deles conta a história de Jesus sob uma perspectiva, enfatizando um aspecto diferente do ministério de Jesus e para públicos distintos. Então, não deveríamos ficar surpresos por tão poucas histórias ou declarações aparecerem em todos os quatro livros. Mas a declaração que acabamos de ver aparece nos quatro. Vejamos brevemente as outras três.

"Eu os batizo com água, mas ele os batizará com o Espírito Santo."

Marcos 1:8

"João respondeu a todos: 'Eu os batizo com água. Mas virá alguém mais poderoso do que eu, tanto que não sou digno nem de curvar-me e desamarrar as correias das suas sandálias. Ele os batizará com o Espírito Santo e com fogo.'"

Lucas 3:16

"Eu não o teria reconhecido, se aquele que me enviou para batizar com água não me tivesse dito: 'Aquele sobre quem você vir o Espírito descer e permanecer, esse é o que batiza com o Espírito Santo'."

João 1:33

Podemos encontrar relatos da morte e da ressurreição de Jesus nos quatro evangelhos. Eles são obviamente centrais para a história do Evangelho e explicam verdades essenciais que os crentes precisam entender. Dessa forma, creio que seja significativo que o batismo no Espírito Santo esteja presente nos quatro livros também.

Aqui estão algumas perguntas fáceis de serem respondidas sobre os quatro versículos que acabamos de ler.

Quem fará o batismo nesses versículos? Jesus!

Com o que ou em quem Ele nos batizará? O Espírito Santo! Em outras palavras, apenas Jesus realiza esse batismo, submergindo-nos no Espírito Santo. As Escrituras nos dizem isso claramente quatro vezes, em cada um dos evangelhos.

Para comparar, vamos novamente dar uma olhada no batismo de salvação que Paulo descreve em 1 Coríntios 12:13: *"Pois pelo Espírito todos nós fomos batizados em um único corpo – quer judeus, quer gregos, quer escravos, quer livres"* (tradução livre do inglês). O "batizador" nesse caso é o Espírito Santo, batizando-nos em Jesus. Nos evangelhos, vemos o oposto – um batismo em que Jesus é o "batizador", batizando-nos no Espírito Santo.

É impossível que eles se refiram ao mesmo batismo. Porém, muitos cristãos se agarram com firmeza a uma teologia que diz que esses dois batismos são o mesmo evento. Acham que existem apenas dois batismos: o espiritual em que somos batizados *pelo* Espírito Santo *no* corpo de Cristo, e o físico e simbólico em que um pastor nos submerge na água. Mas isso não está correto.

Deveria estar claro que além do batismo em Jesus (nascer de novo) e do batismo nas águas, as Escrituras repetidamente descrevem esse terceiro batismo em que Jesus nos batiza no Espírito Santo. Jesus inclusive ordenou que Seus discípulos esperassem em Jerusalém até que O recebessem.

Como o fato de Jesus nos batizar no Espírito Santo poderia ser algo ruim – especialmente sendo isso tão claramente presente na Bíblia? Primeiro, Jesus – Aquele que nos amou tanto que morreu por nós – é quem realiza esse batismo. Segundo, o terceiro membro da Trindade – Deus Espírito Santo – é em quem somos submersos! Ainda assim, inúmeros cristãos evitam essa experiência como se fosse algo horrível ou nocivo.

Apenas satanás poderia confundir o pensamento de tantas pessoas a tal ponto.

Um Privilégio Extraordinário

Ter a presença capacitadora, habilitadora e energizante do Espírito Santo como um companheiro fiel e amigo é um privilégio extraordinário do qual apenas os crentes da Nova Aliança podem desfrutar. Os grandes santos do Antigo Testamento teriam ficado maravilhados com a bênção que nos foi dada. Eles balançariam a cabeça por não conseguirem crer que tantos do povo de Deus recusam essa oportunidade.

Lembra-se de João 1:33 acima? João Batista diz que Deus lhe disse: *"Aquele sobre quem você vir o Espírito descer e permanecer, esse é o que batiza com o Espírito Santo"*.

Esse versículo nos traz um importante conhecimento sobre o ministério do Espírito Santo antes e depois do derramamento do Dia de Pentecostes. Note no versículo as palavras *"descer"* e *"permanecer"*. Ao longo do Antigo Testamento, encontramos muitos exemplos em que o Espírito Santo descia sobre alguém, mas Ele não permanecia. Profetas, juízes, guerreiros e reis experimentaram curtos períodos em que o poder e a capacitação do Espírito Santo vieram sobre eles, mas durou apenas um tempo.

Imediatamente após o batismo de Jesus na água, Ele se tornou a primeira pessoa da História sobre quem o Espírito Santo *desceu* e *permaneceu*. No Dia de Pentecostes, o Espírito Santo desceu sobre os 120 que estavam reunidos e permaneceu sobre eles pelo resto de suas vidas. A mesma coisa está disponível para mim e para você. Na verdade, eu já experimentei. Uma vez que consegui superar todas as minhas desconfianças, minhas opiniões enganadas e meus preconceitos distorcidos, lancei meu coração aberto à ministração do Espírito Santo e pedi a Jesus que me batizasse Nele. E o Espírito Santo desceu sobre mim e tem permanecido em mim desde então. Minha vida cristã nunca mais foi a mesma!

Uma Última Questão

Peço que você pondere mais uma questão: quais foram as instruções finais de Jesus aos Seus discípulos?

Jesus aparecia de vez em quando aos Seus discípulos durante os quarenta dias após a Ressurreição. Finalmente, chegou um dia em que Ele lhes deu palavras de instrução pela última vez. Isso aconteceu logo antes de Sua ascensão ao Céu. Muitas pessoas pensam que Suas últimas palavras de instrução são aquelas nos dois versículos finais do livro de Mateus:

> *"Portanto ide, fazei discípulos de todas as nações, batizando-os em nome do Pai, e do Filho, e do Espírito Santo; ensinando-os a guardar todas as coisas que eu vos tenho mandado; e eis que eu estou convosco todos os dias, até a consumação dos séculos. Amém".*
>
> *Mateus 28:19-20, ACF*

Elas certamente parecem palavras finais – especialmente porque terminam com um "Amém". Porém, essas não foram as últimas palavras que Jesus falou aos Seus discípulos. A palavra final de instrução Dele aos

> A palavra **FINAL** de **INSTRUÇÃO** Dele aos seus seguidores não foi "ide", foi **"ESPEREM"**.

Seus seguidores não foi "ide", foi "esperem". Podemos encontrar essa ordem no último capítulo de Lucas. Jesus aparece aos discípulos e lhes dá
algumas palavras de explicação e instrução. Quando Ele termina de falar,
eles O veem ser levado aos céus. Pouco antes daquele momento, Ele diz:
*"Eu lhes envio a promessa de meu Pai; mas fiquem na cidade até serem reves-
tidos do poder do alto"* (Lc 24:49).

A palavra *fiquem* quer dizer "esperem". Você não acha que Jesus es-
colheria com cuidado as palavras que Ele sabia serem as últimas que os
discípulos O ouviriam dizer? Não seria sensato entender que elas são instruções importantes?

A última ordem Dele foi que esperassem. Esperar pelo quê? Pela Promessa. Como vimos antes, as palavras de Deus também estão gravadas no
primeiro capítulo de Atos:

> *"Certa ocasião, enquanto comia com eles, deu-lhes esta ordem: 'Não
> saiam de Jerusalém, mas esperem pela promessa de meu Pai, da qual
> lhes falei. Pois João batizou com água, mas dentro de poucos dias
> vocês serão batizados com o Espírito Santo.'"*
>
> *(versículos 4-5)*

Vimos anteriormente que cada um dos quatro evangelhos reporta à
promessa de que Jesus batizará Seus seguidores no Espírito Santo. Agora
temos uma quinta menção do batismo no Espírito Santo.

Jesus disse aos Seus discípulos que "esperassem" antes de "irem" transformar o mundo. Ele sabia que se eles fossem sem a capacitação do Espírito Santo, nada aconteceria. Ele estava dizendo: *Não tentem fazer nada do
que chamei vocês para fazer antes de receberem esse batismo adicional. Senão,
estarão lutando com suas próprias habilidades naturais, e nada de valor espiritual duradouro será conquistado. Esperem! Esperem pelo que Eu prometi a
vocês – um ajudador.*

Se você é nascido de novo, o Espírito Santo o batizou em Jesus no
momento em que você foi salvo. Mas me deixe lhe fazer uma pergunta,
você já pediu a Jesus para batizá-lo no Espírito Santo? Se não, com que
poder você está tentando viver a vida cristã?

11

Três Batismos,
Três Testemunhas

Lembro-me de ouvir bastante sobre o grande evangelista D. L. Moody quando eu estava no seminário. Eu constantemente ouvia citações e anedotas dos meus professores sobre ele. Curiosamente, a posição oficial do meu seminário era que o poder do Espírito Santo era apenas para os cristãos do século I. Aprendemos que o Espírito Santo havia parado de batizar pessoas na época de Pedro e Paulo. No entanto, Moody era constantemente apresentado para os alunos como um brilhante exemplo de um eficaz pregador e evangelista. E com toda razão.

Imagina minha surpresa, anos depois, ao finalmente ler a autobiografia de Moody e descobrir que ele havia tido uma experiência transformadora com o Espírito Santo anos após ter sido salvo e entrado para o ministério.

No final do século XIX, Moody pastoreava uma igreja que se reunia num salão alugado em Chicago. Ele achava que estava indo bem no ministério, mas, de repente, duas senhoras de sua congregação – "tia" Cook e Sra. Snow – começaram a orar para que ele recebesse o batismo no Espírito Santo. Quando aquelas guerreiras de oração disseram a ele o que estavam pedindo que Deus fizesse na vida dele, ele agradeceu a oração delas, mas cuidadosamente explicou que já havia recebido todo o Espírito Santo que alguém poderia receber quando havia sido salvo.

De acordo com Moody, enquanto aquelas mulheres continuavam persistindo a orar por ele, ele começou a perceber que não havia muito poder espiritual operando em seu ministério – pelo menos não do tipo que ele via fluir através dos cristãos comuns encontrados em sua Bíblia.

Em Atos 2, ele viu claramente que um derramamento do Espírito Santo sobre uma pessoa foi o que concedeu poder para que ela fosse uma testemunha de Jesus. Por fim, ele chegou à conclusão de que lhe faltava outro batismo. Ele começou a orar por isso, e também pediu às duas senhoras que orassem para que ele recebesse um derramamento do poder de Deus. Não muito depois, Deus ouviu o clamor do coração de D. L. Moody.

Moody havia sido convidado para pregar na Inglaterra. Antes de seu navio partir, ele passou alguns dias em Nova Iorque. Certo dia, ele caminhava na rua quando algo extraordinário aconteceu. Como seu amigo R. A. Torrey descreveu anos depois:

> *Ele estava caminhando na Wall Street em Nova Iorque... e, em meio ao alvoroço e à confusão daquela cidade, sua oração foi respondida; o poder de Deus caiu sobre ele enquanto andava na rua, e ele teve que correr para a casa de um amigo e pedir para ficar num quarto a sós. Ali, ele ficou sozinho por horas; e o Espírito Santo veio sobre ele enchendo sua alma de imensa alegria, a ponto de ter que pedir a Deus que retivesse Suas mãos para que não desfalecesse de tanta alegria. Então, ele saiu daquele lugar com o poder do Espírito Santo e, quando chegou a Londres, o poder de Deus operou através dele poderosamente no norte da cidade, e centenas de pessoas foram adicionadas às igrejas.*[6]

Não Tão Difícil Quanto Parece

Se até mesmo o grande evangelista D. L. Moody lutou com a realidade dos múltiplos batismos sobre os quais a Bíblia ensina, não é surpreendente que muitos cristãos tenham dificuldade em lidar com essa mesma verdade. Talvez você ainda esteja processando essa ideia. Se sim, talvez fique mais surpreso ainda de saber que Deus considera esse ensinamento "elementar". Essa é a mensagem desse versículo:

---

[6] R. A. Torrey, *Why God Used D. L. Moody* (Chicago: Fleming H. Revell, 1923), 53-54.

"Portanto, deixemos os ensinos elementares a respeito de Cristo e avancemos para a maturidade, sem lançar novamente o fundamento do arrependimento de atos que conduzem à morte, da fé em Deus, da instrução a respeito de batismos, da imposição de mãos, da ressurreição dos mortos e do juízo eterno."

Hebreus 6:1-2

Aqui, o autor de Hebreus diz que ele gostaria de avançar da escola primária e começar a ensinar a seus leitores coisas mais profundas. Ele considera coisas como *"arrependimento de atos que conduzem à morte"*, *"fé em Deus"*, etc., como princípios fundamentais. Um desses ensinamentos fundamentais é a *"instrução a respeito de batismos"* (plural).

Então, fico pensando se nossas tradições religiosas têm tornado o assunto de batismos mais complicado do que precisa ser. Ao longo de mais de vinte e cinco anos de ministério, tenho percebido que muitos cristãos necessitam de ajuda para ver que as Escrituras realmente ensinam sobre três batismos distintos. Como o autor de Hebreus aponta, não podemos avançar para a maturidade a menos que tenhamos um sólido entendimento sobre essa verdade "elementar".

O Sermão de Pedro em Pentecostes

Vamos expandir uma passagem sobre a qual já falamos. Você lembra que Pedro pregou imediatamente após o derramamento do Espírito Santo no Dia de Pentecostes (ver Atos 2)? Em resposta ao sermão de Pedro, vários de seus ouvintes judeus receberam a convicção do Espírito Santo. Atos 2:37 nos diz: *"Quando ouviram isso, os seus corações ficaram aflitos, e eles perguntaram a Pedro e aos outros apóstolos: 'Irmãos, que faremos?'"*

"Que faremos?" Essa é uma pergunta bem ampla – com certeza muito mais geral do que a pergunta feita pelo carcereiro filipense depois do terremoto que libertou Paulo e Silas em Atos 16: *"Senhores, que devo fazer para ser salvo?"* (v.30). O carcereiro pergunta apenas sobre o primeiro batismo – a salvação – então a resposta de Paulo abrange apenas esse assunto: *"Creia no Senhor Jesus, e serão salvos, você e os de sua casa"* (v. 31). E como Pedro responde àquela pergunta mais genérica?

"Pedro respondeu: 'Arrependam-se, e cada um de vocês seja batizado em nome de Jesus Cristo, para perdão dos seus pecados, e receberão o dom do Espírito Santo. Pois a promessa é para vocês, para os seus filhos e para todos os que estão longe, para todos quantos o Senhor, nosso Deus, chamar.'"

Atos 2:38-39

Note que, nos verbos ativos desses versículos, Pedro aponta todos os três batismos. Ele diz:

1. *Arrependa-se.* Esse é primeiro passo essencial no batismo da salvação.

2. *Seja batizado.* Pedro encoraja seus ouvintes a seguirem o exemplo de Jesus no batismo nas águas.

3. *Receba o dom do Espírito Santo.* Esse é o terceiro batismo. Como Pedro indica aqui, o Espírito Santo não irá se impor sobre ninguém. Ele deve ser "recebido".

Grande Alegria em Samaria

O relato do Dia de Pentecostes em Atos 2 não é o único lugar em que vemos os três batismos descritos. Em Atos 8, vemos o evangelista Filipe pregando e ensinando em Samaria. Depois que um avivamento acontece, muitas pessoas são curadas, libertas da opressão demoníaca e salvas. Então, o versículo 12 nos diz *"No entanto, quando Filipe lhes pregou as boas novas do Reino de Deus e do nome de Jesus Cristo, creram nele, e foram batizados, tanto homens como mulheres".*

Dois dos três batismos são encontrados nesse versículo. *"Creram"* significa que as pessoas receberam o batismo da salvação. Depois eles foram batizados nas águas. Temos dois. E quanto ao terceiro batismo – imersão no Espírito Santo? Continuemos a ler:

"Os apóstolos em Jerusalém, ouvindo que Samaria havia aceitado a palavra de Deus, enviaram para lá Pedro e João. Estes, ao chegarem, oraram para que eles recebessem o Espírito Santo, pois o Espírito

ainda não havia descido sobre nenhum deles; tinham apenas sido batizados em nome do Senhor Jesus."

(versículos 14-16)

Preste atenção no que essa passagem *não* diz. Ela não nos diz que os apóstolos em Jerusalém, quando ouviram que Samaria havia recebido a Palavra de Deus, enviaram Pedro e João para levar a comunhão cristã *porque tinham tudo de que precisavam.*

> Sem **RECEBER** o Espírito Santo eu **VIVIA** uma vida **SEM PODER**, derrotado e de **MÍNIMA** eficácia no **REINO** de Deus.

Nos primeiros anos da minha caminhada cristã, foi exatamente isso que me ensinaram. Uma vez que eu já tivesse sido salvo e batizado nas águas, eu tinha tudo que precisava para viver a vida cristã. É claro que agora sei que sem receber o Espírito Santo eu vivia uma vida sem poder, derrotada e de mínima eficácia no reino de Deus.

Pedro e João não se atreveram a fazer esse desserviço aos novos crentes de Samaria. Eles ficaram felizes em saber que aquelas pessoas haviam recebido os dois primeiros batismos, mas a primeira coisa que lhes perguntaram foi se haviam recebido o terceiro. Quando a resposta volta negativa, os apóstolos imediatamente lidaram com aquela situação: *"Então Pedro e João lhes impuseram as mãos, e eles receberam o Espírito Santo"* (v. 17).

Depois disso, e apenas depois, aqueles novos cristãos ficaram totalmente equipados para ser tudo aquilo que Deus os havia chamado para ser.

A propósito, note que essa cena não acontece em Atos 2. Já ouvi pessoas argumentarem que o batismo no Espírito Santo ocorreu somente no Dia de Pentecostes. Porém, esses eventos em Samaria aconteceram meses, ou talvez anos, após o evento de Atos 2. E, ainda assim, não é a última vez em que vemos pessoas experimentando os três batismos.

O Padrão Continua em Éfeso

Em Atos 19, muitos anos após o derramamento de Pentecostes, ouvimos sobre o ministério do apóstolo Paulo em Éfeso:

"Enquanto Apolo estava em Corinto, Paulo, atravessando as regiões altas, chegou a Éfeso. Ali encontrou alguns discípulos e lhes perguntou: 'Vocês receberam o Espírito Santo quando creram?'"

(versículos 1-2)

É interessante que as pessoas que Paulo encontrou eram *"discípulos"* que já haviam crido, o que significa que eram seguidores de Jesus Cristo. Agora veja a pergunta de Paulo. *"Vocês receberam o Espírito Santo quando creram?"* Paulo não parece ter nenhuma dúvida em sua mente de que alguém possa ter fé em Jesus, mas não ter recebido a plenitude do Espírito Santo. Em outras palavras, Paulo sabe que uma pessoa pode ser batizada pelo Espírito Santo em Cristo (salvação), mas não ser batizada por Jesus no Espírito Santo.

Lembro-me de estudar o livro de Atos na escola dominical quando era garoto, mas não me lembro de ter lido esses dois versículos. Agora penso em quantos professores e pregadores pulam esses versículos ao invés de serem confrontados com sua mensagem tão óbvia. Essa pergunta está na sua Bíblia: *"Vocês receberam o Espírito Santo quando creram?"*

A propósito, eu amo a resposta dos crentes: *"Não, nem sequer ouvimos que existe o Espírito Santo"* (v. 2).

Talvez aquelas pessoas fossem à mesma igreja que eu frequentava quando era criança! Alguém lhes falou o suficiente sobre Jesus para que pudessem ser salvos, mas sequer ouviram sobre o Espírito Santo. Paulo acha isso tão ruim que decide checar e ter certeza de que aquelas pessoas realmente haviam sido salvas! *"'Então que batismo vocês receberam?', perguntou Paulo"* (v. 3).

Quando elas respondem *"O batismo de João"*, Paulo rapidamente explica o que está faltando:

"Disse Paulo: 'O batismo de João foi um batismo de arrependimento. Ele dizia ao povo que cresse naquele que viria depois dele, isto é, em Jesus'. Ouvindo isso, eles foram batizados no nome do Senhor Jesus. Quando Paulo lhes impôs as mãos, veio sobre eles o Espírito Santo, e começaram a falar em línguas e a profetizar."

(versículos 4-6)

Quantos batismos os crentes de Éfeso acabaram experimentando? Nesse caso, já que haviam se arrependido e sido batizados com o batismo de João Batista, eles receberam pelo menos três e possivelmente quatro: (1) O batismo de arrependimento nas águas (batismo de João), (2) batismo do corpo de Cristo através da fé *"naquele que viria depois dele, isto é, em Jesus"*, (3) batismo nas águas por Paulo *"no nome do Senhor Jesus"* e (4) batismo no Espírito Santo através da imposição das mãos de Paulo.

Observe o que acontece quando os crentes de Éfeso recebem o batismo no Espírito Santo: *"Veio sobre eles o Espírito Santo, e começaram a falar em línguas e a profetizar"*. Podemos ver esse padrão repetido várias vezes ao longo do livro de Atos.

Três Testemunhas no Céu e na Terra

Na verdade, podemos encontrar esses três batismos ao longo da Bíblia. Por exemplo, veja 1 João 5:7: *"Porque três são os que testificam no céu: o Pai, a Palavra, e o Espírito Santo; e estes três são um"* (ACF). É claro que *"a Palavra"* é uma referência a Jesus.

Você crê no que 1 João 5:7 diz – que o Pai, Jesus e o Espírito Santo *"são um"*? Ou seja, você acredita na Trindade? Suspeito que sim. Esse versículo diz que esses três são *"os que testificam no céu"*. É claro que não estamos no Céu agora. Estamos na Terra. Então quem, ou o que, está testificando aqui na Terra? O versículo seguinte nos diz que:

> *"E três são os que testificam na Terra: o Espírito, e a água e o sangue; e estes três concordam num."*
>
> *(versículo 8)*

Aqui temos os três batismos em ordem inversa! As três *"testemunhas"* na Terra são o batismo no Espírito Santo, o batismo nas águas e a salvação através do sangue de Jesus Cristo. Cada um desses batismos representa uma distinta obra da graça que Deus quer fazer em nossos corações e em nossas vidas.

Salvação é uma obra milagrosa da graça no coração. A verdade é óbvia e não é controversa. Todo o mundo evangélico concorda com o que

Efésios 2:8-9 declara: "*Pois vocês são salvos pela graça, por meio da fé, e isto não vem de vocês, é dom de Deus; não por obras, para que ninguém se glorie*". Ninguém argumenta contra o que 2 Coríntios 5:17 promete: "*Portanto, se alguém está em Cristo, é nova criação. As coisas antigas já passaram; eis que surgiram coisas novas!*".

Batismo nas águas é uma obra da graça dentro do coração do homem. É claro, ser batizado nas águas não nos salva. É possível ser salvo, morrer e ir direto para o Céu sem ter sido batizado nas águas. O ato de ser submergido na água é simbólico, numa forma exterior, do que aconteceu em nosso interior, simbolizando a morte e o sepultamento do nosso velho eu e o nascimento da "*nova criação*" mencionada em 2 Coríntios 5:17. Porém, o batismo nas águas é mais do que apenas um símbolo. A Bíblia nos ensina que o batismo nas águas é uma contrapartida da Nova Aliança à circuncisão da Antiga Aliança. Circuncisão era uma decepagem literal da carne. De forma similar, quando nos submetemos em obediência ao batismo nas águas, uma obra da graça acontece, causando um corte da carne em nossos corações. Uma transformação real acontece.

O mesmo é válido para o batismo de um crente no Espírito Santo. Esse ato libera em nós a capacitação sobrenatural para fazer tudo o que Deus nos chama para fazer. Como vimos, Jesus ordenou aos Seus discípulos que esperassem em Jerusalém até que o Espírito Santo prometido viesse. Por quê? Porque, nas próprias palavras de Jesus, eles seriam revestidos com poder celestial (ver Lucas 24:49); receberiam capacitação para serem testemunhas Dele em todo o mundo (ver Atos 1:8); e fariam coisas ainda maiores do que Ele havia feito (ver João 14:12).

> Esse ato **LIBERA** em nós a capacitação **SOBRENATURAL** para fazer tudo o que Deus nos **CHAMA** para **FAZER**.

Deixe-me resumir essas três "testemunhas" de maneira pessoal. Quando fui salvo, tornei-me uma nova pessoa. Quando fui batizado nas águas, o velho eu foi cortado. E quando fui batizado no Espírito Santo, recebi poder para caminhar no novo. Esse terceiro batismo faz uma grande diferença! Durante anos, tentei viver em vitória, poder e pureza.

No entanto, experimentei pouca coisa a não ser derrota e frustração. Depois que recebi esse terceiro batismo, tudo mudou.

Por exemplo, a intimidade maravilhosa com o Espírito Santo de que comecei a desfrutar se tornou tão preciosa para mim que eu pensava duas vezes antes de fazer qualquer coisa que O entristecesse.

Já que a Palavra de Deus estava viva em mim de novas formas, de repente vi versículos vindo à minha mente em momentos críticos de necessidade ou de tentação. E aquela sensação de "unção" que eu experimentava frequentemente quando estava no púlpito se tornou parte da minha vida diária – no mercado, no campo de golfe e, mais importante, dentro da minha própria casa.

Pergunte à minha esposa, Debbie, se receber o batismo no Espírito Santo fez diferença na vida do marido dela.

E Você?

Gostaria que você fizesse a si mesmo uma pergunta importante: "Eu experimentei apenas dois batismos?". Ou seja, você foi somente batizado no corpo de Cristo quando foi salvo, e depois batizado nas águas?

Você já experimentou uma imersão no Espírito Santo que trouxe poder e ajuda sobrenaturais para sua vida? Até agora, podemos concordar que este terceiro não ocorre no momento de salvação. Sim, o Espírito Santo batizou você em Jesus quando você foi salvo, mas agora Jesus tem algo recíproco a fazer. Ele quer batizar você com o poder do alto. Por que alguém diria "Não, obrigado" para isso?

Muitos cristãos estão vivendo vidas de derrota, de frustração e de fracasso, assim como eu, antes de abrir meu coração e minha mente para o terceiro batismo. Eu já tentei viver sem o poder do Espírito Santo, mas eu não voltaria àquele modo de vida por nenhum dinheiro do mundo. É maravilhoso demais ter Deus Espírito Santo como meu melhor amigo.

O Espírito Santo encheu Moody de **TAMANHO PODER** que, quando ele **VISITAVA** fábricas, os **TRABALHADORES** se **AJOELHAVAM** e eram **SALVOS**.

Lembra-se da história sobre o evangelista D. L. Moody que eu contei anteriormente? Moody disse mais tarde que nunca mais foi o mesmo depois do dia em que foi batizado com o Espírito Santo. Ele percebeu que quase tudo que havia conquistado no ministério antes daquele momento havia sido pelo poder de sua força própria limitada. Depois, ele viu dezenas de milhares salvos em avivamentos em todo lugar a que foi. Alguns biógrafos dizem que o Espírito Santo encheu Moody de tamanho poder que, quando ele visitava fábricas, os trabalhadores se ajoelhavam e eram salvos.

"Mas receberão poder quando o Espírito Santo descer sobre vocês." (Atos 1:8). Essa é a verdade bíblica que transformou a vida e o ministério de D. L. Moody. Isso apenas pôde acontecer depois que ele se humilhou e reconheceu que precisava de outro batismo.

E você?

12

Capacitado para Viver

Constantemente fico surpreso com a rapidez do avanço e das mudanças na tecnologia. Lembro-me de quando as pessoas costumavam escrever para o escritório da Associação Americana de Automóveis (AAA) localizado em alguma cidade distante meses antes de sair de férias. Elas enviavam seu endereço, listavam as atrações que gostariam de ver e citavam as cidades onde planejavam passar a noite. Algumas semanas depois, a família inteira abria ansiosamente o pacote da AAA cheio de mapas com sugestões de rotas marcadas à mão e guias de hotéis aprovados pela AAA.

Hoje, as pessoas confiam no GPS embutido em seus carros para levá-las aonde querem. Eu frequentemente uso o MapQuest.com. É o mesmo processo: escrevo um ponto de partida e um destino e, segundos depois, o MapQuest fornece um mapa com detalhadas direções, incluído a quilometragem, os nomes das ruas e os pontos de referência pelos quais procurar. É claro que se você estiver visitando uma cidade pela primeira vez e não souber direito de onde está partindo, as direções são inúteis.

Todo processo precisa de um ponto de partida. A vida cristã começa com o momento transformador de nascer de novo. De maneira similar, a vida cheia do Espírito começa com o momento transformador de ser batizado no Espírito Santo.

Já examinamos inúmeros exemplos do Novo Testamento sobre esse princípio dos três batismos. Porém, se esta é uma verdade bíblica válida (e é), deveríamos também procurar alguns exemplos das profecias e dos simbolismos do Antigo Testamento sobre esse mesmo princípio. Permita-me apontar alguns que devem ser considerados.

Abraão Faz Sua Parte: Ele Crê!

Podemos começar com Abraão. Gênesis 12:1 inicia sua história dizendo-nos:

> *"Então o Senhor disse a Abrão: 'Saia da sua terra, do meio dos seus parentes e da casa de seu pai, e vá para a terra que eu lhe mostrarei.'"*

Esse chamado para que Abraão deixasse sua terra natal é uma experiência similar a da salvação. Quando somos salvos, deixamos o reino em que nascemos e nos tornamos cidadãos de um novo reino. É exatamente assim que Paulo descreve ser nascido de novo: *"Pois ele nos resgatou do domínio das trevas e nos transportou para o Reino do seu Filho amado"* (Cl 1:13).

Deus fala com Abraão, que se chamava Abrão naquela altura de sua vida, e o convida para um relacionamento. Abrão responde a esse chamado e deixa sua antiga vida para trás. Paulo confirma isso em Romanos 4:3 declarando que quando Deus o chamou, *"Abraão creu em Deus, e isso lhe foi creditado como justiça"*.

Encontramos o próximo grande acontecimento da vida de Abraão em Gênesis 15:17-18:

> *"Depois que o sol se pôs e veio a escuridão, eis que um fogareiro esfumaçante, com uma tocha acesa, passou por entre os pedaços dos animais. Naquele dia o Senhor fez a seguinte aliança com Abrão: 'Aos seus descendentes dei esta terra'".*

Isso descreve uma cerimônia de aliança entre Deus e Abrão. Creio que esse acontecimento é um tipo de batismo nas águas, que representa a decepagem de nossos desejos carnais. Deixe-me explicar melhor.

Em tempos antigos, dois indivíduos faziam uma aliança sagrada sacrificando um animal, cortando-o ao meio e, depois, colocando as duas metades no chão, deixando um espaço entre elas. As duas pessoas andavam entre as metades como parte de um importante juramento inquebrável de fidelidade. O ato simbolizava que as duas pessoas tinham uma aliança de sangue.

Abrão entendeu a importância do que Deus estava fazendo quando o instruiu a preparar aquele sacrifício de aliança. Abrão tinha a expectativa de andar entre aquelas duas metades com Deus. Porém, Deus fez algo formidável. Ele fez Abrão adormecer. Então, um fogareiro esfumaçante e uma tocha acesa apareceram. Eu creio que o fogareiro simboliza o Pai, pois o *"verdadeiro pão do céu"* vem Dele (ver João 6:32), e a tocha representa o Filho, porque Ele é a luz do mundo. Ou seja, o Filho veio para representar Abrão na cerimônia da aliança. Por quê? Porque Deus sabia que seria impossível para Abrão, como um homem pecador, cumprir sua parte do juramento. O único papel de Abrão era "crer" – ter fé na participação do Filho e em Seu cumprimento da aliança em seu lugar.

Por favor, entenda o próximo ponto. Deus Pai e Deus Filho fizeram uma aliança através da Cruz dois mil anos atrás. O Filho veio para cumprir nossa parte do acordo, pois, como pecadores, não poderíamos fazer isso sozinhos. Para receber os benefícios e as bênçãos dessa aliança, nosso único papel é crer.

> Para **RECEBER** os benefícios e as bênçãos dessa **ALIANÇA**, nosso único papel é **CRER**.

Talvez você esteja pensando, *Muito bom, Robert, mas como Abrão experimentou um tipo de batismo nas águas?* Isso simboliza o batismo, porque as pessoas tinham que passar *"entre"* as partes que representavam a morte. O animal sacrificado significava que, se algum dos indivíduos violasse a aliança, morreria. Da mesma forma, passar pelas águas do batismo significa um tipo de morte para o velho eu.

Promessas para os Filhos de Israel

Outro evento do Antigo Testamento ilumina essa ideia de forma mais profunda. Você deve se lembrar de que os filhos de Israel partiram do Egito depois que o sangue de um cordeiro, nos umbrais de suas portas, fez com que o anjo da morte ignorasse suas casas. A consequente morte dos primogênitos em todo o Egito serviu como a última gota para Faraó, e ele finalmente concordou em deixar os israelitas partirem. Assim como

Abraão, eles deixaram a terra pagã que tinham chamado de lar por mais de quatrocentos anos e seguiram para uma terra de promessa e de bênçãos. Ou seja, a saída do Egito simboliza salvação.

O que aconteceu imediatamente após aquilo? Os israelitas se encontraram encurralados pelo Mar Vermelho com os carros de guerra de Faraó perseguindo-os logo atrás. Moisés usou sua vara para partir o mar, e os israelitas "passaram" pelas águas, que de repente foram divididas ao meio. Eles caminharam entre as duas metades de água para o local seguro. Entretanto, quando o exército de Faraó entrou no mar, as metades se juntaram e afogaram todos eles – simbolizando o corte da carne da antiga vida que os israelitas estavam deixando para trás. Vemos em 1 Coríntios 10 que a passagem pelo mar representa o batismo nas águas.

O Espírito Santo Capacita Abraão

Vamos dar um pulo novamente na história de Abraão para ver um acontecimento que simboliza o batismo no Espírito Santo. Gênesis 17:5 declara: "*Não será mais chamado Abrão; seu nome será Abraão, porque eu o constituí pai de muitas nações*".

Talvez você esteja pensando, *O que uma simples mudança de nome tem a ver com o batismo no Espírito Santo?* A resposta é simples e bela. A mudança de Abrão para Abraão exigiu que fosse colocado o som "ha" no meio da palavra. Não existem vogais no hebraico escrito, então no idioma original, Deus acrescentou o equivalente à letra hebraica *h*. Em hebraico, essa letra também é a palavra *ruah*, que representa "espírito", "fôlego" e "vento".

Ao longo da Bíblia, a palavra *ruah* é usada para significar o Espírito, a vida e o poder de Deus. Em Gênesis 1:2, aprendemos que "o *Espírito de Deus* se movia sobre as águas" no início da criação. Em Êxodo 31:3, quando Deus conta a Moisés sobre um artista habilidoso que Ele havia ungido para trabalhar nos detalhes do tabernáculo, Deus declara "*o enchi do Espírito de Deus, dando-lhe destreza, habilidade e plena capacidade artística para desenhar e para executar trabalhos*". Essa palavra aparece muitas vezes no Antigo Testamento. Com Abrão, Deus literalmente abre o nome de Abrão e coloca *ruah* – Seu próprio Espírito – nele. E então se torna Abr-*ha*-ão![7]

Além disso, Deus não estava apenas mudando o nome de Abrão. Ele estava mudando sua identidade para refletir a realidade de que Ele havia transformado aquele homem. Deus soprou sobre Abraão e ele se tornou um precursor da vida cheia do Espírito.

Abraão tinha uma esposa chamada Sarai. Deus colocou o fôlego do Espírito no nome de Sarai também:

> *"Disse também Deus a Abraão: "De agora em diante, sua mulher já não se chamará Sarai; seu nome será Sara".*
>
> *Gênesis 17:15*

Você deve ter notado que a fim de mudar Sarai para Sara, Deus teve que tirar o *i*. Podemos aprender muito com esse pequeno detalhe. Receber o batismo no Espírito Santo requer humildade. Pessoas orgulhosas e egocêntricas simplesmente não se rendem ao batismo no Espírito Santo. Temos que remover o "eu" de nossos corações para que Deus possa derramar Seu poder[8].

O Espírito Santo Capacita os Israelitas

E quanto à saída de Moisés e dos israelitas do Egito? Eles experimentaram um batismo no Espírito Santo em sua jornada à terra prometida?

Em Josué 3, encontramos o relato da travessia dos israelitas pelo rio Jordão em direção a Canaã, a Terra Prometida. O Senhor milagrosamente partiu a água, assim como o Mar Vermelho, e o povo atravessou em chão seco. Após terem atravessado, tiveram que enfrentar batalhas e conquistar terras. Mas os israelitas estavam sobrenaturalmente capacitados para vencer e avançar. Na verdade, enquanto eles não entristecessem o Senhor com desobediência e com rebelião, recebiam capacitação sobrenatural para todas as tarefas.

---

[7] Interpretação pessoal do autor já que, no inglês, *Abram* passa a ser chamado de *Abraham*.

[8] Na língua inglesa, a letra "I" também é o pronome pessoal "eu". Portanto, ao fazer esta analogia, o autor apresenta sua interpretação pessoal dizendo que ao retirar o "i" do nome de Sarai, Deus removeu seu "eu".

Exemplos Incríveis, Conselho Sábio

Caso você ache que estou exagerando um pouco ao dizer que esses eventos do Antigo Testamento simbolizam o batismo, permita-me chamar uma testemunha para testificar – o apóstolo Paulo:

> *"Porque não quero, irmãos, que vocês ignorem o fato de que todos os nossos antepassados estiveram sob a nuvem e todos passaram pelo mar. Em Moisés, todos eles foram batizados na nuvem e no mar."*
>
> *1 Coríntios 10:1-2*

Paulo aponta que os filhos de Israel simbolicamente experimentaram todos os três batismos. Eles foram batizados "em Moisés... na nuvem e no mar".

- *Batizados em Moisés*. Para os israelitas, Moisés era o libertador, assim como Jesus se tornou o supremo Libertador de toda a humanidade. Na verdade, Atos 3:22-26 compara Moisés e Jesus – dizendo que Jesus cumpriu a profecia de Deuteronômio 18 que prediz a vinda de outro Libertador como Moisés dentre o povo judeu.

- *No mar*. Como discutimos anteriormente, isso se refere à travessia dos israelitas no Mar Vermelho e representa o batismo nas águas.

- *Na nuvem*. O que a nuvem representava? O Espírito Santo. Os filhos de Israel eram guiados por uma nuvem durante o dia e por uma coluna de fogo durante a noite, assim como o Espírito Santo nos guia hoje. É claro que os israelitas poderiam escolher seguir ou não a direção da nuvem. Da mesma forma, devemos escolher seguir a direção do Espírito Santo se quisermos ser beneficiários de sua sábia e onisciente liderança e capacitação.

Alguns versículos depois, Paulo dá um sábio conselho sobre o que fazer com toda essa informação: *"Essas coisas ocorreram como exemplos para nós"* (1 Co 10:6), e *"Essas coisas aconteceram a eles como exemplos e foram escritas como advertência para nós"* (v. 11).

Advertência significa "instrução". Paulo está explicando que as experiências dos três batismos: de Abraão, de Moisés e dos filhos de Israel deveriam servir como exemplos para nós e que foram fornecidas para nossa instrução.

Mais um Exemplo

Se é verdade que Deus fornece esses exemplos para nossa instrução, qual exemplo estamos seguindo? A Palavra de Deus ensina claramente que devemos ser batizados no Libertador, na água e na nuvem. Mas caso você ainda esteja relutando um pouco, permita-me mostrar mais um exemplo no Antigo Testamento.

Você conhece o tabernáculo de Moisés? O tabernáculo é um complexo de tendas portáteis que Deus instruiu a Moisés e aos israelitas para construir enquanto vagavam no deserto. Ele forneceu instruções incrivelmente detalhadas sobre como deveriam construir, dispor e equipar a estrutura. O tabernáculo possuía um átrio exterior, um espaço interior chamado de santo lugar e uma área menor chamada de Santíssimo Lugar ou Santo dos Santos. A arca da aliança foi guardada no Santo dos Santos, o lugar da presença manifesta de Deus. Ninguém podia simplesmente entrar no Santíssimo Lugar. Entrar na presença de Deus como um pecador seria fatal. A glória absoluta e a pureza de Deus matariam qualquer um que tentasse.

De acordo com as instruções severas que Deus deu a Moisés, a Arão e aos sacerdotes levitas, um sumo sacerdote precisava passar por três etapas antes de poder entrar no Santo dos Santos. Imagine isso – *três* etapas!

Primeiro, o sacerdote tinha que sacrificar um cordeiro sem defeito e sem manchas no altar. Em seguida, o sacerdote ia até uma bacia cheia d'água, chamada de pia, onde ele se lavava e ficava cerimonialmente limpo. Por fim, o sacerdote ia para um lugar onde era ungido com óleo. Somente então poderia se aproximar da presença de Deus no Santo dos Santos.

> **DEUS** basicamente **DIZ:** "Se você **QUISER** a **PLENITUDE** da Minha presença e do Meu **PODER**, precisa **VIR** pelo caminho que prescrevi".

Estou certo de que não preciso explicar a você o significado simbólico desses passos. O sangue do cordeiro sem manchas é uma referência clara à salvação através do sangue de

Jesus. Lavar-se com água na pia representa o batismo nas águas. E o óleo sempre foi um símbolo para o Espírito Santo na Bíblia. O derramamento do óleo ungido sobre a cabeça do sacerdote é uma incrível ilustração da unção sobre um crente sendo batizado no Espírito Santo.

Apesar das instruções claras acerca dos três batismos que temos discutido, aqui está o que vejo muitos cristãos fazerem: eles querem experimentar as bênçãos e os benefícios da presença de Deus, então entram no tabernáculo e dizem: "Sim, eu recebo o sangue do Cordeiro e, sim, eu me lavarei com água, mas não acho que quero ter algo a ver com aquele óleo de ungir. Já vi algumas coisas esquisitas com isso. Gostaria de pular essa etapa, mas ainda quero chegar à presença de Deus".

Isso não é uma atitude inteligente. Como vimos ao longo de nossa discussão, Deus basicamente diz: "Se você quiser a plenitude da Minha presença e do Meu poder, precisa vir pelo caminho que prescrevi".

O sangue do Cordeiro, a pia e o óleo de ungir claramente representam os três batismos: a salvação, quando o Espírito Santo nos batiza no corpo de Cristo; o batismo nas águas, quando somos batizados depois que recebemos Jesus como nosso Senhor e Salvador; e o batismo no Espírito, quando Jesus nos batiza com poder do alto, o Espírito Santo!

Resumindo

Você já experimentou os três batismos? É possível que você seja um crente nascido de novo que ainda não experimentou um ou dois batismos? Muitas pessoas foram aspergidas ou batizadas quando crianças, depois entregaram a vida a Jesus quando eram mais velhos, mas nunca foram batizados por imersão nas águas. Se esse é o seu caso, você está perdendo as bênçãos vindas da obediência nessa área. Uma obra maravilhosa da graça está disponível para você através do batismo nas águas.

Ou, talvez, você tenha negligenciado ou até resistido o terceiro batismo do óleo do Espírito Santo. Se sim, encorajo você a deixar de lado quaisquer obstáculos de orgulho ou de teimosia que têm impedido que você se renda totalmente a tudo que Deus tem para sua vida. Tomar esse passo é tão simples quanto pedir e receber. Você pode fazer isso agora, bem onde está. Peça a Jesus, nosso maravilhoso Senhor e Salvador, que batize você no Espírito Santo agora.

PARTE V

Aquele Que Dá

13

Atos da Graça

Um amigo meu estava pensando em chamar sua filha que estava para nascer de Charis (pronunciado com o som de *k*). Ele e sua esposa achavam esse nome bonito e gostavam do significado, "graça".

Quando meu amigo me disse que estava considerando esse nome, eu respondi: "Deixa eu te encorajar a *não* fazer isso".

Obviamente confuso com a minha opinião sobre o nome de sua futura filha, ele fez um olhar curioso e perguntou "Por que não?".

"Porque seu sobrenome é Maddox", eu respondi. "Você realmente quer que o nome da sua filha seja Charis Maddox?" Já que ele ainda me olhava confuso, eu falei o nome novamente mais alto e mais rápido. A mente dele clareou quando ele ouviu o quanto "Charis Maddox" parecia com "Carismáticos".

Misericordiosamente, eles escolheram um nome diferente para sua filhinha, pois como eu irei explicar brevemente, a palavra *carismático* causa impressão negativa em algumas pessoas.

Presentes da Graça

Dentro da palavra *carismático* encontramos *carisma* – uma palavra que pegamos emprestada dos gregos (o plural em grego é *charismata*). Quando os gregos usavam *charisma* numa frase, eles não se referiam a charme ou personalidade. Para eles, *charisma* literalmente significava "presente da graça". Ou seja, descrevia um presente que recebemos de uma pessoa porque encontramos favor imerecido diante dela.

É claro, quando pensamos sobre isso, sabemos que todos os presentes e dons vêm pela graça. Se você trabalha de alguma forma para poder receber algo, isso não é realmente um presente. Ao contrário, seria um pagamento ou uma compensação. Por definição, um presente é um ato da graça.

Isso torna a palavra *charismata* (presentes da graça) um pouco redundante. Porém, Deus a coloca dessa forma na Bíblia para enfatizar algo importante. É como se *charismata* fosse uma declaração dupla da verdade de que não merecemos ou não conquistamos as coisas que Deus coloca em nossas vidas. Ele nos dá Seus presentes da graça simplesmente porque Ele nos ama e é bom.

Ao longo de todo este livro, vimos que o poder transformador do Espírito Santo em nossas vidas é enorme. No entanto, Seu poder opera apenas no nível em que permitimos que Ele nos transforme. Ter o poder do Espírito Santo disponível para nós não é o mesmo que nos colocar disponíveis para o poder transformador Dele. Nós temos que nos render. Nosso "eu" teimoso e orgulhoso tem que se submeter. Temos que *receber*.

Enquanto seguimos falando sobre o Espírito Santo, o próximo passo será explorar a verdade de que Jesus enviou a nós um ajudador e amigo que vem trazendo consigo presentes da graça.

Confusão Carismática

Assim como a palavra *Pentecostal*, a palavra *carismático* carrega uma variedade de significados. Em nossa ampla cultura, usamos a palavra *carisma* para descrever pessoas com muita personalidade e que consideramos atraentes. Muitos políticos bem-sucedidos são descritos como "carismáticos". Uma estrela de Hollywood pode ter muito "carisma".

Quando usamos este termo no meio cristão, *carismático* carrega um conjunto completamente diferente de conotações. Falamos sobre os carismáticos e sobre o Movimento Carismático.

Aos olhos de algumas pessoas, os carismáticos são aqueles que adoram com música contemporânea levantando as mãos de vez em quando. Para outros, carismáticos são os que creem que Deus ainda cura pessoas milagrosamente hoje assim como Ele fazia quando a Bíblia estava sendo escrita – e é apropriado que Seu povo peça que Ele cure. Outros consideram carismáticos todos aqueles que acreditam no papel ativo do Espírito Santo na vida dos crentes hoje.

Essa variedade de definições cria muitas oportunidades para confusão e para mal-entendidos. Por exemplo, nos primeiros anos após fundar a igreja que pastoreio, as pessoas frequentemente me perguntavam: "Que tipo de igreja é essa? É carismática?". Eu sempre respondia assim: "Bem, depende do que você quer dizer com carismática".

E depois continuava: "Se você quer saber se cremos na obra e na pessoa presente do Espírito Santo, então a resposta é definitivamente sim. Se você quer saber se cremos que todos os dons do Espírito Santo mencionados no Novo Testamento ainda estão disponíveis e operando hoje, novamente a resposta é sim. Mas não nos identificamos com algumas coisas que você possa ter visto na televisão ou em outras igrejas que se associaram com a palavra *carismática*. Isso definitivamente *não* é quem somos como igreja".

Como a Bíblia Define Charisma

Como eu mencionei, a palavra *charisma* ou *charismata* aparece muitas vezes no Novo Testamento em referência à obra do Espírito Santo na vida de um crente. A palavra é usada todas as vezes que lemos sobre "dons do Espírito". Para que possamos iniciar nossa exploração na mesma página, permita-me expor o que eu considero uma definição bíblica de *charisma*:

Charisma é a capacitação instantânea do Espírito Santo na vida de todo crente a fim de exercitar um dom para a edificação de outros.[9]

Essa é provavelmente a melhor definição que conheço para *charisma*. Observe que diz "todo crente". Essa capacitação sobrenatural, que muitos chamam de dons espirituais, não é reservada para pessoas no ministério integral ou para algum tipo de cristão superultraespiritual.

> Muitas **PESSOAS** são confusas e **IGNORANTES** acerca dos **DONS** espirituais.

---

[9] Bill Konstantopolous, *"The Manifestations of the Holy Spirit,"* Sermon Index, June 19, 2006, www.sermonindex.net/modules/newbb/viewtopic.php?topic_id=11094&forum=34&0.

Mesmo no corpo de Cristo, muitas pessoas são confusas e ignorantes acerca dos dons espirituais. Não quero ser rude ao usar a palavra *ignorante*. O que quero dizer é que muitas pessoas agem sem entendimento verdadeiro e correto do que a Bíblia ensina sobre esse assunto vitalmente importante.

Esse problema não é novo. Paulo inicia 1 Coríntios 12 com as seguintes palavras: *"Irmãos, quanto aos dons espirituais, não quero que vocês sejam ignorantes"* (v. 1). Aparentemente, muita confusão e ignorância sobre os dons espirituais também existia dois mil anos atrás.

Na verdade, Paulo usa frases do tipo "quanto aos..." seis vezes em 1 Coríntios. Apesar do nome que esse livro tem em nossa Bíblia, 1 Coríntios na verdade não foi a primeira carta de Paulo à igreja de Corinto. Em 1 Coríntios 5:9, Paulo menciona uma carta que havia escrito anteriormente que aparentemente gerou várias controvérsias na igreja e muitas questões nas mentes dos crentes de Corinto. Eles escreveram em resposta a Paulo para perguntar sobre esses assuntos.

Ele inicia 1 Coríntios 7 dizendo: *"Quanto aos assuntos sobre os quais vocês escreveram"* (v. 1).

Em 1 Coríntios 7:25, Paulo escreve: *"Quanto às pessoas virgens"*.

Paulo inicia 1 Coríntios 8 assim: *"Com respeito aos alimentos oferecidos aos ídolos"*.

E isso se estende ao longo de toda a carta. (Talvez seja por isso que o Espírito Santo viu que não cabia incluir a carta anterior de Paulo no cânone das Escrituras. Obviamente, ela provocou mais perguntas do que respostas e produziu mais calor do que luz sobre os problemas que aqueles crentes estavam enfrentando.)

Além de estar lidando com confusão, a igreja de Corinto não era uma congregação judaica. Era formada por gentios convertidos. Também, a cidade de Corinto era uma cidade portuária rica, mas corrompida, localizada na interseção de várias das principais rotas comerciais do mar.

> Os dois **ÍDOLOS** que os cidadãos de Corinto mais **ADORAVAM** eram o **DINHEIRO** e o **SEXO**.

Muitos templos de vários deuses gregos e romanos permeavam a cidade, inclusive o enorme templo da deusa Afrodite, que dizem ter empregado mais de mil prostitutas para rituais. Os dois ídolos que os cidadãos de Corinto mais adoravam eram o dinheiro e o sexo.

Com isso em mente, vamos voltar ao que Paulo escreve àqueles crentes sobre dons espirituais: *"Irmãos, quanto aos dons espirituais, não quero que vocês sejam ignorantes"* (1 Co 12:1).

Obviamente, os crentes haviam ficado confusos sobre como os dons espirituais funcionam e como deveriam ser utilizados dentro da igreja – especialmente durante os cultos públicos. Com a frase acima, Paulo inicia uma seção de instrução e explicação que ocupa três capítulos na Bíblia. Vamos dar uma olhada nos primeiros desses versículos e depois desmembrá-los para uma boa compreensão:

"Há diferentes tipos de dons, mas o Espírito é o mesmo. Há diferentes tipos de ministérios, mas o Senhor é o mesmo. Há diferentes formas de atuação, mas é o mesmo Deus quem efetua tudo em todos."

(versículos 4-6)

Note as frases *"o Espírito é o mesmo"*, *"o Senhor é o mesmo"* e *"o mesmo Deus"*. Isso é uma referência, eu creio, ao Espírito Santo, ao Filho e ao Pai, respectivamente. A mensagem de Paulo é "Há diferentes dons (*charismata*) e muitos 'ministérios' e muitas 'formas de atuação' através das quais esses dons podem ser expressos – mas o mesmo Deus trino ainda está por trás de todos eles".

No versículo acima, a palavra grega traduzida como "atuação" é *energema*, que significa: "algo que é produzido" ou "o resultado". *Energema* é também a raiz grega da palavra *energia*. Paulo está ensinando que quando conectamos um "dom" espiritual a um "ministério", obtemos um "resultado" poderoso.

> Ele nos **DÁ** os **DONS** para que possamos **ABENÇOAR** os **OUTROS**.

Que tipo de resultados esse processo produzirá? Paulo nos diz no versículo seguinte: *"A cada um, porém, é dada a manifestação do Espírito, visando ao bem comum."* (v. 7)

Por que o Espírito Santo nos dá dons espirituais? Para que eles possam ser liberados nos *"ministérios"*, *"visando ao bem comum"*. Ele nos dá os dons para que possamos abençoar os outros. Observe também que esses dons são dados *"a cada um"*. Não a alguns. Não à maioria. *"Cada um"* de nós é beneficiário desses dons espirituais em vários momentos e lugares se nascermos de novo e desejarmos ser usados por Deus para produzir o *"bem comum"*.

O DONO DOS DONS

Tudo isso incita duas perguntas importantes: Que tipos de dons? Com que esses dons se parecem? Nos versículos seguintes, Paulo lista nove deles:

> *"Pelo Espírito, a um é dada a palavra de sabedoria; a outro, a palavra de conhecimento, pelo mesmo Espírito; a outro, fé, pelo mesmo Espírito; a outro, dons de cura, pelo único Espírito; a outro, poder para operar milagres; a outro, profecia; a outro, discernimento de espíritos; a outro, variedade de línguas; e ainda a outro, interpretação de línguas. Todas essas coisas, porém, são realizadas pelo mesmo e único Espírito, e ele as distribui*

Podemos categorizar esses nove dons em três grupos distintos, e os examinaremos mais detalhadamente em breve. No entanto, deixe-me explicar algo sobre dons que não está amplamente compreendido. Algumas pessoas leem essa lista e presumem que Deus olha para uma pessoa e diz: "Hum, acho que darei a você o dom da palavra de conhecimento". Depois olha para outra e diz: "A você acho que darei o dom da fé". A suposição é que o Espírito Santo atribui um dom para as pessoas pelo resto de suas vidas para que sejam donas dele para sempre.

> O Espírito Santo **POSSUI** todos os **DONS**, em todo o **TEMPO**.

Na verdade, não é assim que a atribuição dos dons funciona. O Espírito Santo possui todos os dons, em todo o tempo. Quando fui batizado no Espírito Santo, eu não apenas recebi um dom, uma vez e para sempre. Ao longo dos anos, Ele tem concedido todos esses dons a minha vida para momentos especiais em determinadas circunstâncias. Não escolho que dom eu quero em cada momento. Como o versículo anterior nos lembra, Ele distribui "*a cada um, conforme quer*".

Mais tarde, em sua carta aos Coríntios, Paulo resume o que acontece quando os crentes se reúnem:

> "*Portanto, que diremos, irmãos? Quando vocês se reúnem, cada um de vocês tem um salmo, ou uma palavra de instrução, uma revelação, uma palavra em língua ou uma interpretação. Tudo seja feito para a edificação da igreja.*"
>
> *1 Coríntios 14:26*

A mensagem óbvia aqui é que *cada* pessoa pode vir com *tudo* que Paulo menciona – um salmo, um ensinamento, línguas, revelação ou interpretação – devido à frase "*cada um de vocês*".

É por isso que creio que todo cristão, em qualquer momento, pode receber uma palavra de conhecimento. Todo crente em qualquer hora pode receber um dom de fé ou um milagre, ou uma cura. O Espírito Santo decide, pois os dons pertencem a Ele, e Ele os distribui entre nós individualmente para o benefício de todos.

Ao longo dos próximos capítulos, examinaremos brevemente as três categorias de dons. Depois, exploraremos a ação deles com mais detalhe. Por agora, precisamos apenas ter uma familiaridade geral com eles, especialmente antes de nos aprofundarmos no assunto que é considerado o mais controverso e problemático por algumas pessoas. É claro, estou me referindo à questão de falar em línguas.

Agora, vamos brevemente nos familiarizar com os dons de discernimento, os dons declarativos e os dons dinâmicos.

14

Os Dons de Discernimento

Certa vez, eu estava num restaurante fazendo uma refeição com minha esposa, quando observei um homem fortão e uma mulher, que depois descobri ser sua esposa, carregando a bandeja deles para uma mesa vazia perto de nós.

No momento em que meus olhos viram aquele homem, eu soube algo sobre ele. Eu reconhecia que aquele conhecimento vinha do Espírito Santo, pois nunca havia visto aquele homem antes. Eu também sabia que o Espírito Santo não nos dá conhecimento sem uma boa razão. Deus amava aquele homem e queria ajudá-lo.

Ao longo dos anos, aprendi como agir com revelações sobrenaturais como essas sem parecer esquisito ou arrepiante. Como eu disse, meu amigo o Espírito Santo não é esquisito. Ele só quer ver as pessoas livres e plenas. Eu me levantei, caminhei até aquele casal e disse: "Com licença, vocês não me conhecem. Mas posso fazer uma pergunta?"

O homem pareceu um pouco assustado, mas respondeu "Claro".

"Você já levantou peso?" Eu perguntei. Isso não foi uma revelação sobrenatural da minha parte. Eu simplesmente precisava quebrar o gelo. Qualquer um que olhasse para aquele homem musculoso deduziria que ele passava bastante tempo na academia. Mas depois descobri que ele na verdade era um ex-fisiculturista que havia vencido um título nacional certa vez.

Ele e sua esposa riram, e depois ele disse: "Com certeza, já levantei alguns pesos sim".

"Bem, talvez isso soe estranho para você", eu continuei. "Mas eu creio que Deus me disse algo muito pessoal e importante sobre você. Quero saber se você se importa que eu compartilhe contigo".

Os olhos dele ficaram arregalados e ele olhou para sua esposa por um instante. Então ele disse: "Claro, puxe uma cadeira".

"O Espírito Santo me mostrou uma imagem sua de quando você era garoto. Vi você sentado no colo da sua avó, chorando. Ela lhe disse que Deus poderia torná-lo forte como Sansão se você prometesse servi-Lo. Eu vi você assumir aquele compromisso de servir a Deus e honrá-Lo com a sua vida. Bem, Deus pediu para dizer a você que Ele manteve a parte Dele do acordo, mas você não cumpriu sua promessa".

> "Eu **PROMETI** a Deus que se Ele me tornasse **FORTE**, eu O **SERVIRIA** por toda minha **VIDA**."

O homem olhou para mim por alguns segundos com um olhar tão vazio que pensei que talvez eu estivesse enganado. Aquele realmente não era um cara que eu queria ofender! Mas bem quando eu estava começando a orar por um escape rápido, seu queixo começou a tremer e lágrimas começaram a rolar pelo seu rosto. Ele olhou para sua esposa e ela começou a chorar também. Curiosamente, ele tinha acabado de contar aquela história para ela antes de eu chegar!

Ele disse: "Senhor, eu fui criado pela minha avó. Meu pai foi embora quando eu nasci, e minha mãe partiu alguns anos depois. Certo dia, quando eu tinha oito anos, alguns meninos estavam atirando pedras em mim de maldade. Foi aí que minha avó me colocou no colo dela e me contou a história de Sansão. Eu prometi a Deus que se Ele me tornasse forte, eu O serviria por toda minha vida. Eu estava dizendo a minha esposa que tenho pensado sobre essa promessa ultimamente, mas não sei muito bem como me aproximar de Deus".

Na mesma hora, eu os conduzi ao Senhor e na semana seguinte eles foram batizados. Neste exemplo, o Espírito Santo me deu uma palavra de conhecimento. Como vimos, esse dom está listado em 1 Coríntios 12:8-11 como um dos nove dons espirituais que o Espírito distribui a cada crente *"conforme Ele quer"*. Inclusive, este é outro lembrete de que o Espírito Santo é uma pessoa – com mente, vontade e emoções. Ele escolhe.

No começo daquela lista encontramos: *"Pelo Espírito, a um é dada a palavra de sabedoria; a outro, a palavra de conhecimento, pelo mesmo Espírito"* (1 Co 12:8).

A *"palavra de sabedoria"* e a *"palavra de conhecimento"*. Podemos classificar esses dois dons do Espírito na categoria de dons de discernimento. Outra classificação apropriada seria a de dons perceptivos. Qualquer um dos nomes é adequado, porque quando esses dons operam, somos capacitados para discernir ou perceber certas verdades que podem ajudar outra pessoa. Tenha em mente que esses dons sempre são dados a fim de que outros sejam abençoados e beneficiados. E outras pessoas irão operar nesses dons para abençoar e beneficiar você!

A Palavra de Conhecimento

Com que esses dons se parecem quando estão em ação? Vamos começar com o dom que o Espírito usou para tocar a vida daquele fisiculturista naquele restaurante – a *"palavra de conhecimento"*.

Uma palavra de conhecimento é o Espírito Santo permitindo que saibamos algo específico que não aprendemos por meios naturais. É uma transferência sobrenatural de informação que não poderíamos saber através de processos naturais.

Jesus operava nesse dom o tempo todo. Você se lembra do encontro Dele com a mulher samaritana no poço? Ela disse a Jesus que não era casada, e Ele respondeu dizendo: *"Você falou corretamente, dizendo que não tem marido. O fato é que você já teve cinco; e o homem com quem agora vive não é seu marido. O que você acabou de dizer é verdade"* (Jo 4:17-18).

Aquela era uma informação bastante específica que Jesus sabia sobre uma estranha. É claro, você deve estar pensando que Jesus era Deus na carne humana e por isso Ele sabia de coisas como aquela porque Ele era Deus. Essa é uma suposição comum, mas falsa. Jesus era de fato completamente

> Jesus era de fato **COMPLETAMENTE** Deus e completamente homem, mas não **VIVEU** Sua vida **ACESSANDO** Sua **DIVINDADE**.

Deus e completamente homem, mas não viveu Sua vida acessando Sua divindade. Filipenses 2 nos diz que Ele *"esvaziou-se a si mesmo"* de todos os Seus direitos e privilégios como Deus, *"vindo a ser servo, tornando-se semelhante aos homens"* (v. 7).

Jesus não fez nenhum milagre antes de o Espírito Santo descer sobre Ele imediatamente após Seu batismo. Várias vezes, Jesus disse aos Seus discípulos que Ele apenas dizia o que ouvia o Pai dizer e fazia o que o Pai, através do Espírito Santo, o guiava a fazer (ver Lucas 4:1; João 5:19; 8:28). Jesus demonstrou o que é possível para uma pessoa totalmente rendida e obediente ao Espírito Santo.

> Jesus demonstrou o **QUE É POSSÍVEL** para uma **PESSOA** totalmente **RENDIDA** e **OBEDIENTE** ao Espírito Santo.

A propósito, o Espírito Santo não revelou o segredo da mulher samaritana para Jesus com a finalidade de envergonhá-la. Ele o disse para abrir os olhos dela, pois Deus a amava e queria que ela fosse livre e plena. Os dons do Espírito sempre são dados para edificar, encorajar e libertar os cativos.

Sem dúvida, essa tem sido minha experiência ao longo dos anos com esse dom maravilhoso, incluindo o meu encontro com o ex-campeão norte-americano de fisiculturismo. O poder de uma palavra de conhecimento é um dos mais emocionantes e recompensadores eventos do qual podemos fazer parte. E esse dom está disponível para todo crente que se rende ao Espírito Santo e obedece a Sua voz.

Discernimento de Espíritos

Outro dom encontrado na lista dos nove em 1 Coríntios 12:8-11, que cabe na categoria de dons de discernimento, é o que a Bíblia chama de "*discernimento de espíritos*". Esse dom envolve a ação do Espírito Santo de fazer com que um crente reconheça a presença de um espírito demoníaco.

Espero que você não esteja chocado em ouvir que espíritos demoníacos estão presentes em nosso mundo hoje. Se tiverem permissão, eles influenciam os pensamentos, o comportamento e as atitudes das pessoas. Eu não creio que demônios se escondem debaixo de todas as pedras, ou que toda vez que seu cônjuge está de mau humor o demônio está diretamente envolvido. Porém, a Bíblia claramente ensina que demônios influenciam pessoas de tempo em tempo, inclusive cristãos. Eu não disse "possuem", disse "influenciam".

Note também que esse dom é chamado de "discernimento de espíritos", e não de "dom de discernimento". Não posso dizer quantas vezes ouvi alguém dizer que opera com o "dom de discernimento". Esse dom não é mencionado na Bíblia. Em minha experiência, o que as pessoas realmente querem dizer com isso é que elas têm uma aptidão para a crítica e o julgamento.

É claro que precisamos de discernimento. Todos os crentes são encorajados a discernir entre o bem e o mal. Mas isso não é um dom espiritual. De acordo com Hebreus 5:14, discernimos com nossos sentidos naturais: *"Mas o alimento sólido é para os adultos, os quais, pelo exercício constante, tornaram-se aptos para discernir tanto o bem quanto o mal"*. Em outras palavras, aprendemos a discernir o bem e o mal através do senso comum e da maturidade.

Discernimento de espíritos, por outro lado, é um dom concedido pelo Espírito Santo. O apóstolo Paulo opera nesse dom em Atos 16, onde Lucas, o autor de Atos, descreve algumas atividades de Paulo e Silas numa cidade chamada Filipos:

> *"Certo dia, indo nós para o lugar de oração, encontramos uma escrava que tinha um espírito pelo qual predizia o futuro. Ela ganhava muito dinheiro para os seus senhores com adivinhações. Essa moça seguia a Paulo e a nós, gritando: "Estes homens são servos do Deus Altíssimo e lhes anunciam o caminho da salvação". Ela continuou fazendo isso por muitos dias. Finalmente, Paulo ficou indignado, voltou-se e disse ao espírito: 'Em nome de Jesus Cristo eu lhe ordeno que saia dela!' No mesmo instante o espírito a deixou."*
>
> *(versículos 16-18)*

Como Paulo sabia que aquela moça tinha um espírito de adivinhação? O que ela disse não era mau. Ela seguiu Paulo dizendo algo que era verdade. Entretanto, apesar de as palavras dela serem verdadeiras, isso não significava que a fonte era de Deus. Aquela moça estava sendo uma distração para a obra de Paulo, e ele temeu que seu ministério estivesse em perigo de ser associado a ela.

Quando **REPREENDEMOS** um espírito em **NOME** de **JESUS CRISTO**, ele tem que **FUGIR**.

Após tolerá-la por alguns dias, ele finalmente ficou farto e expulsou o demônio dela. Mas ele somente soube que havia um demônio para ser expulso porque o Espírito Santo revelou isso a ele através do dom de discernimento de espíritos.

Pense sobre isso. Se um espírito demoníaco estivesse vindo contra o seu negócio, a sua casa, ou a sua família, não seria bom se o Espírito Santo o revelasse a você? Quando sabemos do ataque do inimigo, podemos ter autoridade sobre ele através da autoridade do sangue de Jesus. Quando repreendemos um espírito em nome de Jesus Cristo, assim como Paulo no relato acima, ele tem que fugir.

Uma Palavra de Sabedoria

Os dons do Espírito Santo são maravilhosos. Deus dá bons presentes aos Seus filhos! Outro dom que faz parte dos dons de discernimento é "*a palavra de sabedoria*". Esse dom do Espírito Santo é simplesmente uma resposta ou solução divina para uma questão ou um desafio específicos.

Às vezes, a palavra de sabedoria vem ao saber exatamente a coisa certa a *dizer*. Jesus operava nesse dom o tempo todo. Quando era confrontado por um grupo de céticos que tinham a certeza de que iriam pegar Jesus com uma pergunta difícil, Ele sempre virava o jogo.

Outras vezes, esse dom resulta em saber exatamente a coisa certa a *fazer*. Quando Jesus e Pedro estavam prestes a se atrasar para pagar os impostos do templo, Jesus dá uma palavra de sabedoria que resolve o problema deles: "*vá ao mar e jogue o anzol. Tire o primeiro peixe que você pegar, abra-lhe a boca, e você encontrará uma moeda de quatro dracmas. Pegue-a e entregue-a a eles, para pagar o meu imposto e o seu*" (Mt 17:27). Pedro obedeceu, e o problema foi resolvido.

Paulo também foi beneficiário desse dom em várias ocasiões. Em Atos 27, ele está prisioneiro do governo romano num navio que ia para Roma. O navio acaba enfrentando uma tempestade terrível e fica prestes a afundar. A tripulação contratada está prestes a fugir no único bote salva-vidas, o que deixaria

Paulo, seus amigos prisioneiros e os guardas romanos para trás. Naquele momento crítico, enquanto todos se desesperavam e ficavam paralisados de medo, Paulo sabia exatamente o que fazer. Ele diz aos guardas romanos quais eram as ações que os salvariam. Os guardas escutam-no e todos são salvos como Paulo havia prometido.

Em João 9, vemos operando nesse dom um homem que Jesus havia curado da cegueira recentemente. Aquele homem antes era cego de nascença e, quando de repente teve sua visão recuperada, ele teve que enfrentar um questionário intenso feito pelos líderes religiosos que estavam procurando por uma desculpa para incriminar Jesus. Aquele homem obviamente era uma prova viva do poder e da autoridade de Jesus, e a elite de religiosos acomodados queria o ex-cego silenciado ou desacreditado.

Os fariseus entrevistaram o homem curado, mas não gostaram de suas respostas, pois elas davam a Jesus todo o crédito e a glória. Então, eles entrevistaram os pais daquele homem, que sabiamente se fingiram de bobos. Eles disseram: *"Sabemos que ele é nosso filho e que nasceu cego. Mas não sabemos como ele pode ver agora ou quem lhe abriu os olhos. Perguntem a ele. Idade ele tem, falará por si mesmo"* (v. 20-21).

> Aquele **HOMEM** obviamente era uma **PROVA** viva do poder e da **AUTORIDADE** de **JESUS**.

Eu gostei disso! Os pais dele dizem: "Por que vocês estão perguntando para nós? Ele já é um homem crescido. Perguntem a *ele*!"

Então, os líderes religiosos trazem o homem curado de volta para mais uma bateria de interrogação. Eles são professores da Lei muito respeitados e altamente instruídos. São habilidosos debatedores. São confiantes de que podem ser mais espertos do que um ninguém analfabeto que havia sido mendigo durante toda sua vida. No entanto, os planos dos fariseus começam a desmoronar quando aquele "ninguém" começa a operar na palavra de sabedoria em suas respostas:

"Pela segunda vez, chamaram o homem que fora cego e lhe disseram: 'Para a glória de Deus, diga a verdade. Sabemos que esse homem é pecador'. Ele respondeu: 'Não sei se ele é pecador ou não. Uma coisa

sei: eu era cego e agora vejo!' Então lhe perguntaram: 'O que ele lhe fez? Como lhe abriu os olhos?' Ele respondeu: 'Eu já lhes disse, e vocês não me deram ouvidos. Por que querem ouvir outra vez? Acaso vocês também querem ser discípulos dele?' Então o insultaram e disseram: 'Discípulo dele é você! Nós somos discípulos de Moisés! Sabemos que Deus falou a Moisés, mas, quanto a esse, nem sabemos de onde ele vem'. O homem respondeu: 'Ora, isso é extraordinário! Vocês não sabem de onde ele vem, contudo ele me abriu os olhos. Sabemos que Deus não ouve a pecadores, mas ouve ao homem que o teme e pratica a sua vontade. 'Ninguém jamais ouviu que os olhos de um cego de nascença tivessem sido abertos. Se esse homem não fosse de Deus, não poderia fazer coisa alguma'."

João 9:24-33

Um ex-mendigo, que havia passado um breve tempo com Jesus, venceu todo um time de debatedores profissionais. Esse é o dom da palavra de sabedoria do Espírito!

Já vi esse dom maravilhoso e útil operar em mim e a minha volta muitas vezes. Deus tem me usado para dar uma palavra de sabedoria a outros em certas ocasiões. E eu tenho sido beneficiado desse dom quando ele opera em outras pessoas.

Palavra de sabedoria, Palavra de conhecimento e Discernimento de espíritos – esses são os dons de discernimento. Eles são incríveis, mas o Espírito Santo tem muito, muito mais em Seu arsenal de bênçãos e poder.

15

Os Dons Declarativos

Talvez você tenha visto o programa de televisão chamado *America's Got Talent*, em que uma menina de dez anos de idade deixou a plateia – e o resto do mundo – de boca aberta quando soltou sua voz. Das cordas vocais daquela pequena garota saiu uma voz forte, calorosa e afinada que não parecia se adequar a sua faixa etária. Na verdade, com sua poderosa voz cantando ópera, muitas pessoas ficaram surpresas de ela ter alcançado apenas o segundo lugar no programa! Obviamente, a voz da pequena Jackie Evancho era um dom físico singular.

Apesar de poucos de nós termos o dom de cantar com uma voz singular, o Espírito Santo dá aos crentes uma série de dons espirituais que alguns teólogos chamam de dons vocais. Eu prefiro chamá-los de dons declarativos.

Como vimos, os dons de discernimento envolvem uma transferência sobrenatural de informação para a mente. Eles permitem que saibamos de algo que não aprendíamos por meios naturais. Cada um dos dons declarativos envolvem uma forma de declaração de verdade divina ou de mensagem sobrenatural.

Vamos dar uma olhada naquela seção da lista de Paulo. Ele diz que o Espírito Santo dá *"a outro, poder para operar milagres; a outro, profecia; a outro, discernimento de espíritos; a outro, variedade de línguas; e ainda a outro, interpretação de línguas"* (1 Co 12:10). Aqui temos três dons únicos e maravilhosos – profecias, variedade de línguas e interpretação de línguas. Analisemos brevemente cada um.

Mensagens Proféticas de Encorajamento

Quando algumas pessoas ouvem a palavra *profecia*, elas imediatamente pensam em termos de previsão do futuro. Uma palavra de profecia certamente pode ser algo sobre um evento futuro, mas não é esse sempre o caso. Quando a Bíblia fala sobre uma palavra de profecia, ela simplesmente quer dizer "uma mensagem de encorajamento de Deus, liberada através de um vaso humano para outra pessoa".

Por favor, observe três elementos nessa definição. Primeiro, uma palavra de profecia é uma mensagem de encorajamento – não de desencorajamento, não de correção ou repreensão, não de julgamento. Em 1 Coríntios 14:3, Paulo fornece o papel triplo da profecia: "*Mas quem profetiza o faz para a edificação, encorajamento e consolação dos homens*". Uma boa maneira de testar a validade de uma palavra profética é perguntar: "Essa palavra de profecia trouxe edificação, encorajamento ou consolo para a pessoa a quem foi direcionada?"

O dom de profecia está entre os maiores e mais importantes de todos os dons espirituais que o Espírito Santo concede. Na verdade, apenas dois versículos antes, Paulo dá o seguinte mandamento: "*Sigam o caminho do amor e busquem com dedicação os dons espirituais, principalmente o dom de profecia*" (v. 1).

Paulo diz que é bom querer os dons que o Espírito Santo dá. Eles são todos maravilhosos, emocionantes e benéficos para o corpo de Cristo – mas devemos desejar operar especialmente no dom de profecia. Ele obviamente não é um dom separado para poucos santos ou para uma elite de supersantos. A Palavra de Deus não iria nos exortar a desejar o dom de profecia se ele não fosse disponível para todos nós.

Mensagens em Línguas Desconhecidas

Isso nos leva ao próximo dom declarativo, o maravilhoso dom de línguas. Não é coincidência que satanás pareça se opor a esse dom mais do que aos outros oito. O diabo trabalha em horas extras para semear dúvida, confusão e medo na mente dos crentes acerca desse dom do Espírito Santo. Mas tudo que realmente precisamos saber sobre o dom de línguas é que ele é *um dom de Deus Espírito Santo*. Se o Deus que nos ama e deu Seu Filho amado para morrer por nós quer que tenhamos esse dom, por que deveríamos ter medo?

Muitas pessoas não sabem reconhecer a diferença entre o *"dom de línguas"*, que o Espírito Santo concede em certas ocasiões distribuindo-o como deseja, e a "língua de oração", que os crentes recebem quando são batizados no Espírito Santo, quer eles a percebam e a ativem ou não. O *dom* de línguas é uma mensagem de Deus para os outros numa língua desconhecida pela pessoa através de quem a mensagem vem. Compartilharei mais sobre a distinção entre o dom de línguas e a graça de uma língua de oração (orar no Espírito) no próximo capítulo.

Muito do que Paulo escreve em 1 Coríntios 14 é para dar à igreja de Corinto instrução e direção sobre como os dons do Espírito, principalmente o de línguas, deveria ser usado em seus cultos públicos. Talvez você se lembre de que Paulo escreveu essa carta porque a igreja de Corinto tinha muitas dúvidas sobre como lidar com determinadas questões. Paulo inicia a seção de abertura do capítulo 12 com as palavras: *"Quanto aos dons espirituais"*.

Aparentemente, aquele grupo de crentes estava muito empolgado com o dom de línguas e o praticava bastante em seus cultos públicos. Mas eles estavam negligenciando a expressão de outros dons espirituais, como a profecia. Como Paulo aponta, o problema é que a menos que alguém interprete a mensagem em línguas, outras pessoas da congregação não poderão ser encorajadas, edificadas ou confortadas. Além disso, os visitantes presentes no culto, especialmente os não cristãos, podem pensar que vocês são um monte de loucos.

Paulo aborda isso complementando 1 Coríntios 12, que fala sobre dons espirituais, e com 1 Coríntios 13, que é tudo sobre andar em amor com os outros. Deus ama as pessoas e Ele deseja que Seu povo possa refletir e compartilhar esse amor por um mundo decaído e perdido. Podemos ficar

> Se o **DEUS** que nos **AMA** e **DEU** Seu filho amado para **MORRER** por nós **QUER** que tenhamos esse dom, **POR QUE** deveríamos ter **MEDO?**

tão empolgados com o poder de Deus fluindo em nossas vidas através dos dons do Espírito Santo a ponto de esquecer a razão pela qual esses dons foram concedidos a nós: o amor. O amor deve governar e dirigir tudo o que fazemos – inclusive o uso dos dons espirituais. É por isso que Paulo depois complementa seu "capítulo do amor" com 1 Coríntios 14, que inicia assim:

> *"Sigam o caminho do amor e busquem com dedicação os dons espiri-*
> *tuais, principalmente o dom de profecia. Pois quem fala em língua*
> *não fala aos homens, mas a Deus. De fato, ninguém o entende; em*
> *espírito fala mistérios. Mas quem profetiza o faz para a edificação,*
> *encorajamento e consolação dos homens. Quem fala em língua a si*
> *mesmo se edifica, mas quem profetiza edifica a igreja. Gostaria que*
> *todos vocês falassem em línguas, mas prefiro que profetizem. Quem*
> *profetiza é maior do que aquele que fala em línguas, a não ser que as*
> *interprete, para que a igreja seja edificada."*
>
> *(versículos 1-5)*

Através de Paulo, o Espírito Santo está dizendo aos crentes de Corinto (e a nós): "Certifiquem-se de que o amor seja o motivador de tudo o que vocês fazem. De todo jeito, busquem dons espirituais, mas quanto aos cultos públicos, priorizem a profecia. Todos irão entender uma palavra profética – inclusive os visitantes e os não cristãos".

> O **AMOR** deve **GOVERNAR** e dirigir **TUDO** o que fazemos – inclusive o uso dos dons **ESPIRITUAIS**.

Observe que Paulo tem o cuidado de não descartar o dom de línguas quando diz: *"Gostaria que todos vocês falassem em línguas"*. Ao contrário, ele está dizendo que o uso de línguas deve ser administrado cuidadosamente nos cultos públicos. Após enfatizar essa questão nos versículos seguintes, Paulo chega ao ponto principal: *"Por isso, quem fala em língua, ore para que a possa interpretar"* (v. 13).

Interpretando as Mensagens

Isso nos leva ao terceiro dom declarativo – interpretação de línguas. Uma definição bíblica desse dom seria "compreender e expressar o pensamento ou a intenção de uma mensagem em línguas". As palavras-chave dessa definição são "pensamento ou intenção".

Quando recebemos o dom de interpretação de línguas, obtemos uma compreensão sobrenatural da essência geral da mensagem que está sendo transmitida. Isso explica por que esse dom é chamado de *interpretação* de línguas ao invés de *tradução* de línguas.

Ocasionalmente, pessoas para quem esse fenômeno é algo novo ficam confusas. Às vezes, uma mensagem em línguas um pouco longa é seguida por uma interpretação significantemente mais curta, ou vice-versa. Isso faz muito mais sentido quando pensamos na diferença entre traduzir uma mensagem num idioma estrangeiro e interpretar uma mensagem em línguas. Um tradutor fiel tentará reproduzir a mensagem palavra por palavra na língua nativa do ouvinte, enquanto que tudo que um intérprete deve fazer é transmitir a essência dos conceitos.

Intérpretes podem escolher ser prolixos ou extremamente concisos, dependendo da audiência e dos tipos de conceitos que estão tentando comunicar. Quando meus filhos eram mais novos e moravam na minha casa, eu tinha uma demonstração real disso quando sentávamos à mesa toda noite para o jantar.

> Intérpretes podem **ESCOLHER** ser prolixos ou extremamente **CONCISOS**, dependendo da **AUDIÊNCIA** e dos tipos de **CONCEITOS** que estão tentando **COMUNICAR.**

Primeiro, eu perguntava ao meu filho James como havia sido seu dia. Dez horas de aula, trabalho e interação com o mundo eram condensadas numa só palavra: "Bom". Às vezes, sua resposta era ainda mais concisa. Se ele tivesse tido um dia desafiador, ele fazia apenas uma expressão facial que indicava "Já tive dias melhores" e uma espécie de grunhido.

Em seguida, eu virava para minha filha mais nova e fazia a mesma pergunta. A resposta dela frequentemente era algo parecido com "Bem, eu acordei às 6h10, o que significa que estava atrasada, pois havia ajustado o despertador para as 6h. Devo ter desligado o alarme sem perceber, então já comecei o dia atrasada antes mesmo de levantar. Depois, fui pegar uns lenços de papel, pois estava com um pouco de resfriado. Deve ser porque o clima tem estado estranho ultimamente. Então, tomei um banho mais rápido que o normal porque já estava atrasada e não pude secar o meu cabelo completamente senão iria me atrasar para o primeiro tempo, em que tivemos um professor substituto hoje. Isso foi chato porque acabamos fazendo nada de mais na aula, mas no segundo tempo tivemos um jogo de perguntas e respostas e acho que fui bem, apesar de minha amiga Ashley ter tido um branco e não ter conseguido lembrar nada da tarefa de leitura..." E daí fluía uma corrente de detalhes como um imenso rio – tudo em resposta a mesma pergunta sobre o mesmo espaço de tempo de dez horas.

As duas respostas são interpretações de resposta à pergunta: "Como foi seu dia?". Algumas coisas nunca mudam, é claro. James agora é casado e sua doce esposa veio jantar conosco pouco depois que estavam casados, e alguém perguntou ao James como estavam indo as coisas no trabalho. Quando ele respondeu com uma daquelas clássicas expressões faciais, minha nora deu um tapinha na mão dele e disse carinhosamente: "Amor, use sílabas".

A questão é que o significado de uma mensagem longa em línguas pode às vezes ser perfeitamente encapsulada numa interpretação curta. Ao mesmo tempo, uma breve explosão de línguas pode oferecer conceitos e verdades tão profundos que é preciso uma interpretação mais longa para fazer jus a ela.

Também devemos notar que, em 1 Coríntios 14, Paulo declara que o dom da profecia é superior ao dom de línguas num culto público. Vamos dar uma olhada na porção relevante daquela passagem novamente: "*Gostaria que todos vocês falassem em línguas, mas prefiro que profetizem. Quem profetiza é maior do que aquele que fala em línguas*, a não ser que" (v. 5). É esse "*a não ser que*" que quero que você perceba. A não ser o quê? "... a não ser que as interprete, para que a igreja seja edificada".

Num culto público, onde não convertidos e novos convertidos estão presentes, a profecia é superior, pois todos podem receber encorajamento a partir da mensagem. No entanto, como Paulo deixa claro aqui, se a pessoa que transmite a mensagem em línguas passar também a operar no dom de interpretação de línguas, então todos poderão ser abençoados por aquela mensagem também. Isso coloca uma mensagem interpretada quase em pé de igualdade com a mensagem profética. As duas são acessíveis a todos no culto e fornecerão encorajamento, exortação ou conforto para todos que as ouvirem.

Esses são os dons declarativos, que fornecem bênçãos tremendas para o corpo de Cristo. Uma palavra encorajadora de Deus é algo muito bom de receber!

16

Os Dons Dinâmicos

Você deve se lembrar da notícia dos primeiros dias da invasão dos Estados Unidos no Afeganistão, em que duas missionárias norte-americanas foram mantidas reféns pelo Talibã.

Dayna Curry e Heather Mercer eram crentes que frequentavam uma igreja carismática em Waco, Texas, e se voluntariaram para trabalhar no Afeganistão com um grupo missionário chamado Shelter Now (Abrigo Agora). Em agosto de 2001 – poucas semanas antes dos ataques de 11 de setembro aos Estados Unidos – as duas mulheres foram presas pelo Talibã por estarem evangelizando. Já existia muita preocupação quanto à segurança delas, mas quando os ataques a Nova Iorque e a Washington foram associados a Osama Bin Laden, conhecido como convidado do Talibã no Afeganistão, a aflição dos entes queridos das duas moças aumentou. Quando os Estados Unidos invadiram o Afeganistão em outubro daquele ano, havia grande temor de que o Talibã iria retaliar brutalmente contra suas reféns norte-americanas.

Eventualmente, as moças foram resgatadas pelos EUA e por tropas antitalibãs em 15 de novembro. Depois, as mulheres revelaram que haviam tido experiências muito diferentes enquanto estavam presas. Heather experimentou todo medo, aflição e preocupação que esperamos que alguém naquela situação sinta. Mas Dayna se encontrou envolta de incrível calma e confiança durante a maior parte da angustiante situação pela qual estava passando. Numa entrevista à revista *Christianity Today* (Cristianismo Hoje), ela disse: "Eu sentia uma paz sobrenatural em quase todo o tempo.

Na verdade, estou enfrentando mais estresse agora do que quando era prisioneira".[10]

O que fez com que Dayna tivesse aquela paz em meio a mais terrível das circunstâncias? Ela recebeu o dom da fé.

O dom da fé é um dos dons dinâmicos. O nome vem das últimas palavras de instrução de Jesus aos Seus discípulos antes de ascender ao Céu. Ele lhes disse: *"fiquem na cidade até serem revestidos do poder do alto"* (Lc 24:49). Agora você já sabe que a fonte de "poder" que Jesus prometeu era o derramamento do Espírito Santo. Jesus declarou isso explicitamente em Suas últimas horas na Terra quando disse: *"Mas receberão poder quando o Espírito Santo descer sobre vocês"* (At 1:8).

A palavra grega traduzida como "poder" nesses versículos é *dunamis* (às vezes escrita *dynamis*). É a raiz das palavras *dinamite*, dínamo e *dinâmico*. Então, é mais do que apropriado chamar essa próxima categoria de dons do Espírito Santo de dons dinâmicos, porque eles tendem a revelar o poder de Deus.

Voltando à nossa lista dos nove dons do Espírito Santo que Paulo apresenta em 1 Coríntios 12, encontramos o seguinte:

> *"A cada um, porém, é dada a manifestação do Espírito, visando ao bem comum... a outro, fé, pelo mesmo Espírito; a outro, dons de cura, pelo único Espírito; a outro, poder para operar milagres."*
>
> *(versículos 7, 9-10)*

Mais uma vez, temos três dons distintos nesse grupo – fé, dons de cura e operação de milagres. Apesar de serem diferentes, produzem resultados similares.

CONFIANÇA SOBRENATURAL

Vamos começar com o dom de fé. Pode parecer estranho pensar em fé como um dom do Espírito, pois tudo na vida cristã envolve fé. Somos salvos

---

[10] Stan Guthrie and Wendy Murray Zoba, *"Double Jeopardy," Christianity Today,* July 8, 2002, www.christianitytoday.com/ct/2002/july8/1.26.html.

pela graça por meio da fé (ver Efésios 2:8-9), e Jesus repetidamente nos encoraja a ter fé em Deus, indicando que fé é uma escolha que fazemos. Então, como a fé pode ser um dom do Espírito Santo que Ele distribui conforme Ele quer?

Paulo está falando sobre algo diferente da fé diária que somos chamados para exercitar em nossa caminhada cristã. É por isso que algumas pessoas se referem a isso como o "dom da fé especial". Eu defino o dom da fé como "um dom sobrenatural de crer e confiar por uma situação específica". De fato, assim como uma missionária feita refém no Afeganistão sentiu grande paz em circunstâncias aterrorizantes por causa do dom da fé, inúmeros cristãos podem testificar que num momento sério de crise ou num momento de grande necessidade, de repente se encontraram embebidos por um nível sobrenatural de fé de que tudo ficaria bem. Por sua vez, esse nível de fé abriu a porta para a provisão e libertação milagrosa de Deus. A fé que tiveram naquele momento foi significantemente maior e mais forte do que a fé em que andam diariamente.

Jesus operava em todos os dons espirituais no nível máximo, inclusive no dom da fé especial. Lembre-se, Ele esvaziou-se de Si mesmo e de Sua divindade e viveu como um homem cheio do Espírito e guiado pelo Espírito. Vemos Jesus mostrando o dom de fé em Marcos 4. Você deve se lembrar da ocasião em que Ele e os discípulos tentavam atravessar o Mar da Galileia num barco de pesca, quando uma forte tempestade ameaçou virar o barco. Jesus estava dormindo na proa do barco e pareceu aborrecido quando Seus discípulos, em pânico – a maioria deles pescadores e navegantes experientes – O acordaram.

Em Atos 9, encontramos um homem chamado Ananias que tinha o dom de fé. Ele recebeu instruções numa visão para ir visitar um homem chamado Saulo – o futuro apóstolo Paulo – e impor as mãos sobre ele para que recebesse o batismo no Espírito Santo. Porém, um pequeno detalhe torna essa missão interessante, como podemos ver nas seguintes palavras:

> Jesus OPERAVA em todos os dons ESPIRITUAIS no nível MÁXIMO.

"Enquanto isso, Saulo ainda respirava ameaças de morte contra os discípulos do Senhor. Dirigindo-se ao sumo sacerdote, pediu-lhe cartas para as sinagogas de Damasco, de maneira que, caso encontrasse ali homens ou mulheres que pertencessem ao Caminho, pudesse levá-los presos para Jerusalém."

(versículos 1-2)

Saulo era conhecido por ordenar que todo cristão encontrado fosse surrado ou preso. E Ananias, de repente, recebe instruções para fazer uma visita a ele e dizer: "Olá, eu sou cristão. E estou aqui para impor as mãos sobre você!". Mas ele obedeceu corajosamente. Para isso, foi necessária a provisão do dom de fé.

O que Ananias não sabia era que Saulo havia sido derrubado de seu cavalo e ficado cego devido à glória de Jesus num encontro espetacular na estrada para Damasco. Ele então está inofensivo e pronto para receber.

Cura Sobrenatural

Assim como cristãos podem receber o dom de fé hoje, o Espírito Santo também distribui o que Paulo chama de *"dons de cura"*. Eles são "dons sobrenaturais de saúde divina".

Primeiramente, permita-me abordar esse dom explicando o que ele *não* é. Ele não consiste no Espírito Santo depositando um dom especial em algumas pessoas para que tenham poder para orar por outros e vê-los curados. Sempre que ouço alguém proclamar que tem o dom de cura, fico incomodado. Isso me sugere uma compreensão incerta sobre como os dons e as manifestações do Espírito Santo operam. O Senhor certamente pode usar consistentemente uma pessoa específica na área da cura, mas é o Espírito Santo que possui o dom e o distribui individualmente, de momento em momento, como Ele quer.

É claro, agimos corretamente quando pedimos a outros crentes que orem por nós quando temos algum tipo de doença ou enfermidade em nosso corpo, pois a verdade é que nosso amigo do grupo de estudo bíblico pode ser usado pelo Espírito Santo para liberar o poder da cura de Deus em nós, assim como um famoso ministro da televisão também pode.

Porém, esse dom não tem que necessariamente vir através de outra pessoa. Inúmeras pessoas já foram curadas milagrosamente enquanto oravam sozinhas.

Qualquer um que tenha um pouco de conhecimento sobre o Evangelho sabe que Jesus sempre curava pessoas. Em todo lugar a que ia, pessoas eram curadas. Presumimos que Jesus operava essas curas porque Ele era Deus em forma de homem – e Ele era. Mas não temos nenhum registro de Jesus curando alguém antes de o Espírito Santo ter descido sobre Ele como uma pomba imediatamente após Seu batismo. É possível que Jesus constantemente curasse os enfermos, abrisse olhos cegos e limpasse os leprosos, porque estava consistentemente dotado do dom de fé, do dom de cura e do dom de milagres?

Quando Jesus retorna à Sua cidade natal, algum tempo após iniciar Seu ministério público, sabemos que Ele *"não pôde fazer ali nenhum milagre, exceto impor as mãos sobre alguns doentes e curá-los. E ficou admirado com a incredulidade deles. Então Jesus passou a percorrer os povoados, ensinando"* (Mc 6:5-6). Claramente, houve vezes em que o poder de cura foi mais presente em Jesus do que em outras. Talvez você se lembre do ocorrido em Lucas 5, quando quatro homens levaram seu amigo paralítico para ver Jesus, descendo ele na sua maca através de um buraco no telhado. Pouco antes disso, Lucas diz:

> Claramente, houve **VEZES** em que o **PODER** de cura foi **MAIS PRESENTE** em Jesus do que em outras.

"Certo dia, quando ele ensinava, estavam sentados ali fariseus e mestres da lei, procedentes de todos os povoados da Galileia, da Judeia e de Jerusalém. E o poder do Senhor estava com ele para curar os doentes."

Lucas 5:17

Jesus recebia e operava no dom de cura. Seus discípulos também, depois que receberam o derramamento do Espírito Santo no Dia de Pentecostes.

Na verdade, um dia ou dois após Pentecostes, Pedro e João passaram por um mendigo deitado no chão perto da porta do templo chamada Formosa. Ele havia nascido sem poder andar, e alguns amigos e familiares aparentemente carregavam-no todos os dias até aquele ponto bastante movimentado para que ele pudesse mendigar esmolas das pessoas que entravam no templo para adorar ou orar. Pedro e João provavelmente já haviam passado por aquele homem diversas vezes. Mas aquele dia era diferente. Quando o homem pede a eles por dinheiro, Pedro diz:

> *"Disse Pedro: 'Não tenho prata nem ouro, mas o que tenho, isto lhe dou. Em nome de Jesus Cristo, o Nazareno, ande.' Segurando-o pela mão direita, ajudou-o a levantar-se, e imediatamente os pés e os tornozelos do homem ficaram firmes. E de um salto pôs-se de pé e começou a andar. Depois entrou com eles no pátio do templo, andando, saltando e louvando a Deus."*
>
> *Atos 3:6-8*

Aquele dia era diferente, porque o dom de cura dado pelo Espírito Santo havia sido derramado sobre Pedro e seus amigos seguidores de Jesus.

Algumas pessoas questionam se o Espírito Santo ainda dá esse dom. Então eu pergunto, o Espírito Santo fechou seu escritório ou está de férias estendidas? Não! O dom de cura ainda é generosamente dado hoje em dia para aqueles que desejam recebê-lo.

O ESPÍRITO SANTO fechou Seu ESCRITÓRIO ou está de FÉRIAS estendidas?

Lembro-me de quando nosso primeiro filho era recém-nascido. Ele tinha icterícia e sua pele havia ficado amarelada. Em minha mente, eu sabia que a cura fazia parte da expiação – pois Jesus levou sobre si nossas enfermidades e nossos pecados na cruz (ver Mateus 8:17). Quando você é um pai de primeira viagem e seu bebê está doente, a cura assume uma nova dimensão de urgência. Então abri minha Bíblia e comecei a ler versículos-chave que indicavam claramente que a cura faz parte de nossa herança em Cristo. Enquanto lia, senti algo surgir dentro de mim. De repente fiquei totalmente convencido de que era inapropriado e proibido que aquela doença ficasse no meu bebê.

Peguei a Debbie e entramos determinadamente no quarto dele, onde pus as mãos sobre aquele pequeno corpinho e orei para que fosse curado. A Debbie pôde testificar que, quando terminei a oração, vimos a cor da pele do Josh voltar ao normal. Isso não aconteceu porque eu fui chamado para o ministério integral, mas porque o Espírito Santo dá dons com liberalidade para todos.

Circunstâncias Sobrenaturalmente Transformadas

Da mesma forma, o dom chamado de operação de milagres não é depositado apenas em poucas pessoas especiais que o carregam pelo resto de suas vidas. O poder de ver um milagre acontecer está disponível para todos os crentes, e o Espírito Santo distribui esse dom de acordo com Sua vontade em momentos específicos.

Eu defino o dom da operação de milagres como "uma intervenção divina que transforma circunstâncias". Isso é algo que você gostaria de experimentar? Você seria abençoado se, de vez em quando, o poder milagroso de Deus transformasse uma situação negativa? Se sim, quero que você saiba que Deus ainda opera milagres. Deus é imutável – o que significa que Ele nunca muda. Ele é o mesmo ontem, hoje e eternamente. Ele operou milagres na época do Antigo Testamento, assim como na do Novo Testamento, e Ele ainda faz milagres hoje.

Enquanto Deus estiver em Seu trono, milagres irão acontecer. E posso afirmar, com certeza, que Ele ainda está assentado lá.

Abundância de Dons

Por favor, observe que esses dois últimos dons do Espírito Santo são listados na forma plural em algumas traduções da Bíblia. As Escrituras os chamam de dom de *curas* e dom de operação de *milagres*. Isso informa que muitos desses dons estão disponíveis, e nos deixa saber que toda cura e todo milagre é importante para Deus. Em outras palavras, podemos ter a certeza do cuidado de Deus com as pessoas.

Como com outros dons do Espírito, esses dons dinâmicos não são apenas para poucas pessoas especiais. Deus não organizou uma loteria celestial para sortear um punhado de pessoas de Seu povo ao redor do planeta para experimentar milagres em suas vidas. Se somente poucas pessoas podem ver milagres acontecerem e eu preciso de um milagre, vou me dar mal se não conseguir chegar a uma dessas pessoas especiais. Graças a Deus, a verdade é que o dom de milagres está disponível para todos aqueles que têm o Espírito Santo operando dentro de si. E um relacionamento íntimo e pessoal com Ele também está disponível para todo crente.

Isso explica por que Jesus disse aos Seus discípulos que era melhor para eles que Ele partisse. Em Sua forma terrena, Ele podia estar apenas em um lugar de cada vez. Mas o derramamento do Espírito Santo sobre a carne humana no Dia de Pentecostes foi um dos eventos mais benéficos e importantes da História, tornando possível a extraordinária declaração de Jesus em João 14:12:

"Digo-lhes a verdade: Aquele que crê em mim fará também as obras que tenho realizado. Fará coisas ainda maiores do que estas, porque eu estou indo para o Pai."

O que poderia fazer esse evento aparentemente impossível acontecer? A vinda do Espírito Santo. Você deve se lembrar de que, um pouco depois, Jesus diz: *"Todavia, digo-vos a verdade, convém-vos que eu vá; pois se eu não for, o Ajudador não virá a vós; mas, se eu for, vo-lo enviarei."* (Jo 16:7, ARIB).

O Espírito Santo pode estar em todo lugar e *em* nós de uma só vez. É chocante contemplar isso, mas Jesus estava certo. Agora temos algo muito melhor! Mas fica melhor ainda. Como vimos, o Espírito Santo não veio de mãos vazias. Ele veio com Seus braços cheios de dons.

Se você precisa de um milagre, Ele o tem. Se você precisa de uma cura, Ele a tem também. Se você precisa de fé, Ele tem para lhe dar. Se você precisa de uma mensagem encorajadora de Deus, uma profecia, uma língua ou uma interpretação – se você precisa de uma palavra de conhecimento sobre sua situação, ou de uma palavra de sabedoria, ou discernir como o inimigo está atacando você – o Espírito Santo dará esses dons a você e àqueles à sua volta.

Esses dons da graça, *charismata*, são distribuídos a todos que desejam recebê-los. E são para o benefício e para a bênção de todos.

Resumindo

Eu sei que vimos muitos versículos enquanto explorávamos esses nove dons do Espírito Santo, mas a mais importante verdade a entender é que essas manifestações são realmente "do Espírito Santo."

Um Deus bom e amoroso projetou esses dons expressamente para o nosso benefício e para nos abençoar. É uma tragédia o fato que muitos dos Seus filhos tenham rejeitado esses dons. Essa rejeição entristece o Espírito Santo e trava o corpo de Cristo.

Se você se abrir completamente para o Espírito Santo, Ele lhe dará o que você necessita quando você precisar. Peça que Ele manifeste agora Seus dons através de você *"conforme Ele quer"* para o *"bem comum"*.

PARTE VI

A Linguagem da Amizade

17

Por Que a Controvérsia?

M eu querido amigo e pai na fé, Jack Hayford, conta a história de quando foi a sua primeira conferência nacional de ministério na época em que era um jovem pastor na década de 1950. A reunião recebeu ministros de uma diversidade de denominações de todo o país. Como ele mesmo conta:

> *Eu era novo no ministério, ainda desorientado sobre as nuances dos encontros interdenominacionais, então não estava preparado para o que aconteceu quando respondi à pergunta de um famoso cristão após nos apresentarmos um ao outro.. "Jack – é um prazer conhecê-lo. Onde você ministra?"*
>
> *"Eu ministro para jovens na Foursquare Church"*
>
> *Silêncio repentino.*
>
> *A mão que apertava a minha se retirou, enquanto os olhos sobre um sorriso pálido diante de mim se viraram para procurar outro alguém no salão a cumprimentar.*
>
> *Um repentino "Com licença", e fiquei ali... sozinho.*
>
> *A má notícia é que isso não é uma cena imaginária, mas real. A boa notícia é que isso é muito mais difícil de acontecer hoje, em meio à vasta mistura do Corpo de Cristo, do que quando aquele momento congelante me esbofeteou muitos anos atrás.*
>
> *A dor da memória há muito tempo já foi tratada; o agressor inconsciente de minha alma – perdoado; a frequência de ocorrências desse tipo – imensamente diminuídas. Mas o fato preocupante é que algo*

peculiar acontece na mente de algumas pessoas quando elas descobrem
que você é "um daqueles", alguém que fala em línguas.[11]

Creio que uma das maiores tragédias da história da igreja, nos últimos
cem anos, tem sido a forma como satanás, o inimigo da igreja, tem tornado esse dom em especial tão controverso e, com sucesso, feito grandes
segmentos do corpo de Cristo relutantes a abraçar *quaisquer* das capacitações do Espírito Santo. Eu sei disso, porque eu era um deles.

Você lembrará que, quando eu finalmente abri meu coração para receber o poder do Espírito Santo em minha vida, minha oração inicial era
algo do tipo: "Ok, Espírito Santo, quero você na minha vida, quero Seu
poder e Sua capacitação, mas não quero *isso* nem *aquilo*". Um desses *aqui-
los* que eu não queria era o dom de línguas. Ou seja, eu queria escolher
dentre os dons do Espírito Santo, porque, no fundo do meu coração, eu
achava que sabia melhor do que Ele do que eu precisava.

Por razões que a princípio podem parecer misteriosas, mas se tornarão
claras depois, quanto aos assuntos de fé, o dom de línguas é a coisa com
que as pessoas mais têm dificuldade. Temos visto que esse é um dom que o
Espírito Santo concede ao povo de Deus para seu próprio benefício e para
o avanço dos planos e propósitos Dele no mundo. Também vimos que é
apenas um, dentre diversos dons. Ainda assim, mais do que qualquer outro
dom, preciosos cristãos têm sofrido rejeição, desprezo e até perseguição
por causa dele.

Nesta seção, espero afastar a nuvem de desentendimento e engano
que tem escondido de muitas pessoas por tanto tempo a verdade maravilhosa e poderosa sobre esse dom.

O Dom e a Graça

Primeiro, é importante compreender a diferença entre *dom* de línguas
(geralmente acompanhado pelo dom da interpretação de línguas) e a *graça*
de línguas (chamado de oração em línguas ou oração no Espírito).

---

[11] Jack W. Hayford, *The Beauty of Spiritual Language* (Nashville: Thomas Nelson,
1996), 53.

No capítulo anterior, vimos que "diferentes tipos de línguas" era um dos nove itens na lista do apóstolo Paulo de dons do Espírito. Dois capítulos depois, Paulo dedica um pouco mais de tempo para instruir a igreja de Corinto sobre como esse dom deveria e não deveria ser expresso em seus cultos públicos. Mas, ao mesmo tempo, ele os encoraja a passar tempo em particular "orando em línguas". Muitas pessoas ficam confusas, porque não percebem que Paulo está fazendo distinção entre o dom público e a graça particular.

Ele faz distinção entre o dom de línguas que precisa ser interpretado e uma língua de oração, única para cada um de nós, que podemos usar quando oramos ao Senhor. É por isso que Paulo inicia 1 Coríntios 14 dessa forma:

> Muitas **PESSOAS** ficam **CONFUSAS**, porque não percebem que Paulo está fazendo **DISTINÇÃO** entre o dom **PÚBLICO** e a graça **PARTICULAR**.

"Sigam o caminho do amor e busquem com dedicação os dons espirituais, principalmente o dom de profecia. Pois quem fala em língua não fala aos homens, mas a Deus. De fato, ninguém o entende; em espírito fala mistérios. Mas quem profetiza o faz para a edificação, encorajamento e consolação dos homens. Quem fala em língua a si mesmo se edifica, mas quem profetiza edifica a igreja. Gostaria que todos vocês falassem em línguas, mas prefiro que profetizem. Quem profetiza é maior do que aquele que fala em línguas, a não ser que as interprete, para que a igreja seja edificada."

(versículos 1-5)

Aqui, e ao longo de todo o capítulo 14, Paulo está fazendo um ato de equilíbrio. Ele está tentando trazer correção e ordem à maneira como os membros daquela igreja estavam usando o *dom* de línguas em suas reuniões públicas, mas sem desencorajá-los a se renderem à *graça* de línguas em seu devocional diário de oração a sós com Deus.

Então, por um lado, Paulo diz: "Concentrem-se na profecia em suas reuniões, pois todos a entendem". E, por outro, diz "*Gostaria que todos vocês falassem em línguas*". Veremos ainda outros encorajamentos de Paulo ao longo dessas linhas um pouco à frente.

Como aprendemos, o Espírito Santo possui e distribui como Ele quer os nove dons do Espírito, inclusive os dons de línguas e de interpretação de línguas. Porém, eu creio que todos são agraciados com uma língua de oração celestial no momento em que são batizados no Espírito Santo (quer eles a percebam e a ativem ou não). Esse certamente é o padrão que vemos claramente no livro de Atos. Sempre que um grupo de crentes recebe o derramamento do Espírito Santo, invariavelmente os ouvimos falar em outras línguas e profetizar.

Como observamos, este é o sinal que tanto impressiona Pedro e seus companheiros quando o Espírito Santo desce sobre um grupo de gentios:

"Enquanto Pedro ainda estava falando estas palavras, o Espírito Santo desceu sobre todos os que ouviam a mensagem. Os judeus convertidos que vieram com Pedro ficaram admirados de que o dom do Espírito Santo fosse derramado até sobre os gentios, pois os ouviam falando em línguas e exaltando a Deus."

Atos 10:44-46

Não há como escapar dessa correlação bíblica entre o derramamento do Espírito Santo sobre uma pessoa e o resultado muito visível do recebimento da habilidade de adorar, de orar e de profetizar em uma língua desconhecida.

No entanto, essa verdade tem levado ao que eu considero uma terminologia infeliz e inútil, frequentemente usada em círculos pentecostais e carismáticos.

Talvez você tenha ouvido alguém falar sobre o batismo no Espírito Santo "com a evidência inicial de falar em línguas". Para alguns, as frases "batismo no Espírito Santo" e "com a evidência de falar em línguas" foram coladas uma na outra em seu vocabulário. Eles nunca dizem a primeira sem a segunda. Outros pentecostais adicionaram um adjetivo ao longo dos anos. Agora eles falam sobre a "inicial evidência *física* do falar em línguas".

Como já apontei, obviamente há algo verdadeiro no que essas pessoas dizem. Na verdade, é ao espírito e à atitude que ouço por trás das palavras que realmente me oponho. Frequentemente são usadas de uma forma argumentativa que eu considero desagradável. E o uso da palavra *evidência* tende a tornar o que é um dom lindo e íntimo em algo a ser julgado e avaliado por outros.

Uma Breve História de Avivamento

Existe um contexto histórico para tudo isso que seria bom você conhecer. Em 1904, houve um grande avivamento no País de Gales. Desde então, ficou famoso como o Avivamento de Gales. Nesse notável mover de Deus, cristãos mornos, de repente, queimaram em chamas por Deus, igrejas lotaram, bares e casas de prostituição fecharam por falta de clientela e, o mais importante, mais de cem mil pessoas nasceram de novo. Tudo começou com algumas pessoas dedicadas que oravam pelo derramamento do Espírito Santo. E durante tudo isso, surgiram eventos sobrenaturais extraordinários parecidos com os documentados no livro de Atos.

Como sementes sopradas pelo vento que criam raízes longe da planta original, o espírito de avivamento cruzou o Atlântico e brotou em vários lugares nos Estados Unidos – especialmente dentro de um pequeno grupo de guerreiros de oração que se reunia numa casa na Avenida Bonnie Brae no centro de Los Angeles em 1906. Aquelas pessoas oravam para que Deus movesse com Seu poder, na América, assim como havia feito no País de Gales. Elas logo começaram a experimentar o livro de Atos em suas reuniões – muitas pessoas falavam em línguas e profetizavam. O número de presentes cresceu e as reuniões passaram a ser feitas numa igreja metodista abandonada que havia a alguns quarteirões dali, na Rua Azusa. Em pouco tempo, milhares de pessoas estavam indo até lá e sendo tocadas por Deus de formas extraordinárias.

> **MILHARES** de pessoas estavam indo até lá e sendo **TOCADAS** por Deus de formas **EXTRAORDINÁRIAS.**

O derramamento do Espírito ali passou a ser conhecido como o Avivamento da Rua Azusa, e não é exagero dizer que aquilo mudou o curso do cristianismo na América e no mundo. Muitos indivíduos que vieram de todo o país para as reuniões da Rua Azusa experimentaram o batismo no Espírito Santo e levaram aquela chama para suas igrejas locais.

Denominações inteiras nasceram a partir daquele mover de Deus, inclusive as Assembleias de Deus, que hoje possuem mais de sessenta milhões de membros em 212 países. A propósito, alguns estimam que o número de carismáticos, neocarismáticos e pentecostais agora excede quinhentos milhões de pessoas em todo o mundo, ficando atrás somente dos Católicos Romanos em termos de membros. E os carismáticos são de longe o grupo de fé que mais cresce no planeta.

O DNA espiritual de tudo isso pode ser rastreado a partir do que Deus fez em lugares corriqueiros no início do século XX. É claro que assim que o mover começou a transformar vidas abundantemente, surgiram retaliações e contra-ataques inevitáveis.

Muitos crentes que experimentaram esse derramamento bíblico e benéfico do Espírito Santo em suas vidas, enfrentaram críticas e ostracismo por causa disso. Naquela época, como hoje, havia muitos cristãos bem-intencionados, mas demasiadamente atrelados à tradição religiosa para reconhecer que Deus estava por trás disso e que os frutos que claramente estavam sendo produzidos nas vidas dos outros eram bons.

> Nenhum cristão está IMUNE à TENTAÇÃO de tornar em religião-SEM-VIDA algo que manifesta a VIDA e o fôlego de Deus.

É claro, nenhum cristão está imune à tentação de tornar em religião-sem-vida algo que manifesta a vida e o fôlego de Deus. Dentre uma geração, a religiosidade começou a se infiltrar em alguns aspectos do movimento pentecostal. Alguns que haviam ficado ofendidos com a perseguição que sofreram, por causa do dom de falar em línguas ou da graça de uma língua de oração, reagiram levando essas manifestações a um lugar em que o Espírito Santo nunca pretendia que elas ocupassem em nossa teologia. O resultado foi uma obsessão rígida com "a evidência inicial do falar em línguas" como sendo o único indicador válido do batismo do Espírito Santo.

Consequentemente, muitos começaram a colocar pressão nas pessoas para que produzissem a "evidência" de que haviam alcançado esse nível espiritual especial. Para muitos, falar em línguas se tornou uma exigência e não um desejo. Para outros, tornou-se um prêmio conquistado com orgulho, em vez de um dom recebido com humildade. A habilidade de "orar no Espírito", ou de transmitir uma mensagem de encorajamento em línguas, é uma bênção maravilhosa para o crente e para o corpo de Cristo, respectivamente. A primeira fortalece espiritualmente o indivíduo, enquanto o segundo encoraja a igreja. Porém, os dois estão disponíveis até mesmo para o mais novo e imaturo convertido que acabou de receber a plenitude do Espírito Santo. Elas são apenas duas das muitas formas possíveis de como o Espírito Santo quer trabalhar em nós e através de nós. Portanto, elas nunca deveriam se tornar uma fonte de orgulho religioso, nem deveriam ser elevadas acima de outros dons espirituais.

Um dos líderes que serve na igreja que pastoreio contou como seu avô pentecostal desejava desesperadamente que seus netos recebessem o batismo no Espírito Santo. É um desejo compreensível e nobre para um avô, pois é uma bênção tão maravilhosa de se receber. Mas, devido à tradição religiosa em que aquele senhor fora criado, ele estava convencido de que se não ouvisse seus netos falando em línguas, eles então não tinham o "Espírito Santo".

Um dia, o avô fez com que eles se ajoelhassem no altar de sua igreja e ficassem "esperando" que o Espírito Santo descesse sobre eles. Após um longo período de tempo, meu amigo percebeu que não receberia permissão para levantar e seguir com sua vida até que seu avô o ouvisse falar em línguas. Ele e seus pais haviam morado no Japão por alguns anos fazendo uma obra missionária, e ele havia aprendido algumas frases em japonês. Então ele fingiu. Fez uma cara de intensidade e começou a recitar algumas frases em japonês que conhecia.

Quase funcionou. O avô acreditou e começou a comemorar, porque seu neto havia "rompido". Entretanto, seu pai, que era fluente em japonês, ouviu e chamou a atenção dele. Ele acabou entrando numa fria por ter tentando enganar o avô.

A questão é que, em algum momento ao longo do percurso, para muitas pessoas, como o avô do meu amigo, o batismo no Espírito Santo de alguma maneira se tornou algo que se conquista por meio de paciência, esforço e sacrifício. E, em suas mentes, falar em línguas era o prêmio e a única prova aceitável de que o batismo havia acontecido.

A **AMIZADE** com o Espírito Santo **NÃO** é **DIFÍCIL** assim.

Talvez você tenha experimentado algo parecido com essa mentalidade num encontro anterior com o pentecostalismo. Se sim, sinto muito. A amizade com o Espírito Santo não é difícil assim. E o dom de línguas não foi projetado para servir como "evidência" para ninguém. Como veremos nos capítulos que seguem, é um dom concedido para nos ajudar e para abençoar a outros.

Vamos começar descobrindo o que precisamos saber sobre a graça de uma linguagem celestial de oração.

18

A Palavra e a Linguagem

Cristãos são e deveriam ser "pessoas do Livro". A Bíblia é nossa primeira e última autoridade em todas as coisas relacionadas à vida e à fé. É por isso que fiz referência a tantos versículos neste livro.

Se eu fizer uma afirmação que não pode ser apoiada nas Escrituras, você não deve aceitá-la como verdade. Mas, da mesma forma, se eu apontar uma verdade na Bíblia, você não deveria desprezá-la, mesmo que seja contrária às suas crenças e suposições de longa data.

Nos capítulos anteriores, examinamos muitos versículos em que o apóstolo Paulo, iluminado e guiado pelo Espírito Santo, escreve sobre o dom espiritual de línguas (e interpretação de línguas), assim como sobre a similar, mas distinta, graça de falar em línguas, que se refere a orar no Espírito.

É sobre este último tópico que quero que você tenha um entendimento mais completo e profundo. Por que? Porque isso revolucionará sua vida de oração e o ajudará de inúmeras maneiras. Baseado no que eu disse acima, devemos começar assegurando a nós mesmos que isso é totalmente bíblico.

Orar no Espírito

Vamos dar uma olhada nas palavras agora familiares de 1 Coríntios 14:

"Pois quem fala em língua não fala aos homens, mas a Deus. De fato, ninguém o entende; em espírito fala mistérios."

(versículo 2)

Por favor, atente para a frase que enfatizei no versículo acima: *"em espírito"*. Essas são palavras importantes que Paulo usará várias vezes ao longo desse capítulo, assim como outros autores do Novo Testamento usarão em outros versículos que iremos examinar brevemente.

> **A ESFERA NATURAL** e a espiritual **EXISTEM** lado a lado, e nós **INTERAGIMOS** com as **DUAS** todos os dias.

Como o contexto dos outros versículos confirmará, a frase "no espírito" se refere à esfera espiritual ao invés da esfera física, natural. A maioria das pessoas vive suas vidas crendo que as únicas coisas reais são as que podem perceber com seus cinco sentidos naturais. Se não podem ver, ouvir, tocar, provar ou cheirar, não creem que existe. Mas Jesus nos ensinou que havia uma esfera invisível que, na verdade, é mais real do que aquela em que vivemos – a esfera do espírito. *"Certa vez, tendo sido interrogado pelos fariseus sobre quando viria o Reino de Deus, Jesus respondeu: "O Reino de Deus não vem de modo visível"* (Lc 17:20). Paulo apresenta isto da seguinte forma:

> *"Assim, fixamos os olhos, não naquilo que se vê, mas no que não se vê, pois o que se vê é transitório, mas o que não se vê é eterno."*
> *2 Coríntios 4:18*

A esfera natural e a espiritual existem lado a lado, e nós interagimos com as duas todos os dias. Acontece que tendemos a ser muito mais conscientes de uma do que da outra.

Em 1 Coríntios 14:2, Paulo nos dá algumas informações-chave. Sim, ele nos diz que falar em línguas é falar mistérios, ou coisas ocultas, no Espírito. Mas, antes disso, ele nos conta que uma pessoa que fala em línguas não está falando às pessoas (na esfera natural) mas a Deus (na esfera espiritual).

Agora, qual é o termo comum que usamos para descrever "falar com Deus"? *Oração!* Oração é simplesmente falar com Deus. E qualquer um que fala com Deus está orando. Isso é bastante elementar e também explica por que Paulo está dizendo à igreja de Corinto que seus cultos públicos não são o local para exercitar esse dom. Se uma pessoa levanta e faz uma longa oração em línguas, ninguém é edificado, a não ser ela. Porém, se a mesma pessoa levanta e transmite um encorajamento profético na língua materna de todos na reunião, então todos saem dali encorajados.

Esse é um conceito muito simples de ser entendido, mas para ter certeza de que os irmãos de Corinto tinham compreendido essa questão, Paulo utiliza outra analogia – instrumentos musicais:

> *"Agora, irmãos, se eu for visitá-los e falar em línguas, em que lhes serei útil, a não ser que lhes leve alguma revelação, ou conhecimento, ou profecia, ou doutrina? Até no caso de coisas inanimadas que produzem sons, tais como a flauta ou a cítara, como alguém reconhecerá o que está sendo tocado, se os sons não forem distintos? Além disso, se a trombeta não emitir um som claro, quem se preparará para a batalha? Assim acontece com vocês. Se não proferirem palavras compreensíveis com a língua, como alguém saberá o que está sendo dito? Vocês estarão simplesmente falando ao ar."*
>
> *(versículos 6-9)*

Paulo está **DIZENDO** à **IGREJA** de Corinto que seus **CULTOS** públicos não são o local para **EXERCITAR** esse **DOM**.

Paulo se esforça bastante aqui para que eles entendam que o dom de línguas e a graça de orar no Espírito têm papéis muito importantes na vida de um crente, mas que criar caos não-interpretado em cultos públicos que assusta os visitantes não é um deles.

Ele faz, então, um resumo de tudo isso no fim do capítulo quando escreve:

> *"Tudo seja feito para a edificação da igreja. Se, porém, alguém falar em língua, devem falar dois, no máximo três, e alguém deve interpretar. Se não houver intérprete, fique calado na igreja, falando*

consigo mesmo e com Deus... Pois Deus não é Deus de desordem, mas de paz."

(versículos 26-28, 33)

O Verdadeiro Papel de uma Língua de Oração

Escondidas, entre toda essa instrução corretiva aos cristãos de Corinto, estão algumas verdades formidáveis sobre o verdadeiro propósito de uma língua de oração. Por exemplo, ver 1 Coríntios 14:14, onde Paulo diz: *"Pois, se oro em língua, meu espírito ora, mas a minha mente fica infrutífera"*.

Há três pontos de verdades espirituais poderosas nesse pequeno versículo. Vamos desmembrá-lo:

1. Se *oro* em língua,
2. meu *espírito* ora,
3. mas minha *mente* fica infrutífera.

Isso confirma que podemos mesmo "orar" em línguas, e é por isso que é frequentemente citada como uma língua de oração.

Observe também que, quando oramos numa língua desconhecida, é nosso *"espírito"* que ora. No início de nossa jornada aqui, aprendemos que todos nós somos compostos de três partes: espírito, alma e corpo. Mais especificamente, *somos* um espírito, *temos* uma alma e *vivemos* num corpo.

Obviamente, é possível orar com a alma (mente), pois fazemos isso o tempo todo. Pensamos em algo que queremos dizer a Deus, e então falamos em oração. Mas aqui aprendemos que há uma forma de orar que escapa à nossa mente ("minha mente fica infrutífera") e na qual está nosso espírito nascido de novo, soprado e avivado pelo Espírito Santo, que ora.

Paulo segue esse versículo com uma pergunta retórica: *"Então, que farei?"* (v. 15). Ele basicamente diz "Então qual é a coisa lógica a fazer baseada nessa informação?" E em seguida responde sua própria pergunta: *"Orarei com o espírito, mas também orarei com o entendimento; cantarei com o espírito, mas também cantarei com o entendimento"* (v. 15).

Orar *"com o espírito"* claramente se refere a orar em línguas, pois, no versículo anterior, Paulo diz: *"Pois, se oro em língua, meu espírito ora, mas a minha mente fica infrutífera"*.

Aqui, a Palavra de Deus está nos dando uma instrução clara e inequívoca sobre como ter uma vida equilibrada de oração e de devocional. Orar com o espírito *e* orar com o entendimento. Em seu tempo de adoração particular, cante com o espírito *e* cante com o entendimento.

> A PALAVRA de Deus está nos dando uma instrução clara e INEQUÍVOCA sobre como ter uma VIDA EQUILIBRADA de oração e de devocional.

Você está começando a ver que receber e usar uma língua de oração é algo bíblico? Paulo diz francamente: "*Gostaria que todos vocês falassem em línguas*" (v. 5). Após essa exortação sobre falar em línguas em oração e em adoração particulares, Paulo volta a dar instruções sobre usar este dom em ambientes públicos:

> "*Dou graças a Deus por falar em línguas mais do que todos vocês. Todavia, na igreja prefiro falar cinco palavras compreensíveis para instruir os outros a falar dez mil palavras em língua.*"
>
> *(versículos 18-19)*

Pense sobre isso. O maior apóstolo da fé que já existiu orava em línguas "*mais do que todos vocês*". O homem de Deus que foi usado pelo Espírito Santo para escrever um terço do Novo Testamento – isso é muito mais do que eu ou vocês escrevemos – disse: "Agradeço a Deus, porque uso este privilégio da graça mais do que qualquer um de vocês".

19

Língua Que Edifica

Eu já admiti a você que tentei iniciar um relacionamento com o Espírito Santo, como se o dom de línguas fosse algum tipo de pílula amarga que eu tinha que engolir a fim de ganhar os outros "bons" benefícios de ter o Espírito Santo como ajudador em minha vida. Eu não tinha noção de nada.

Agora, sei o que eu não sabia naquela época. Das várias bênçãos e ajuda que vêm ao sermos batizados com o Espírito Santo, o dom de uma língua de oração é um dos mais maravilhosos. A coisa da qual eu era mais desconfiado se tornou uma parte indispensável e preciosa da minha vida e do meu ministério. Deixe-me mostrar a você o porquê.

Edificando a Si Mesmo e a Igreja

Parece que quando o assunto é o dom de línguas, todos os caminhos levam a 1 Coríntios 14. Vamos revisitar esse capítulo para identificar um dos benefícios-chave de orar no Espírito. Você deve lembrar que o versículo 4 diz: *"Quem fala em língua a si mesmo se edifica, mas quem profetiza edifica a igreja"*.

Como você deve saber, *edificar* significa "fortalecer, desenvolver ou beneficiar". Ou seja, quando oramos em línguas, estamos nos fortalecendo espiritualmente, e, quando publicamente entregamos uma mensagem do Senhor numa língua que todos entendem, fortalecemos a igreja espiritualmente.

Tenha em mente que Paulo estava tentando instruir a igreja de Corinto sobre a diferença entre o uso dos dons espirituais em público e em particular.

Note também a conjunção que Paulo utiliza para conectar os dois pensamentos. Na maioria das traduções desse versículo em português, a palavra grega *de* é traduzida como "mas" – como no versículo que acabamos de ler (*"mas* quem profetiza"). No entanto, essa palavra pode ser traduzida também como "e". Na verdade, das 2.870 vezes que a palavra *de* aparece no Novo Testamento grego, em muitas é traduzida como "e". Algumas das paráfrases modernas usam a frase "por outro lado" para transmitir o significado correto.

Por que estou passando tanto tempo explicando um pequeno ponto gramatical? Porque muitas pessoas têm tentado ler muitos significados nesse pequeno "mas". Quando leem: *"Quem fala em língua a si mesmo se edifica, mas quem profetiza edifica a igreja."*, interpretam como se Paulo estivesse dizendo "Não falem em línguas. Ao invés, profetizem" (Mais estranho ainda é que a grande maioria das pessoas que acham isso também não acredita em profecias).

Uma tradução menos confusa desse versículo seria: "Quem fala em línguas a si mesmo se edifica. *Por outro lado*, quem profetiza edifica a igreja".

Outros céticos alegam que esse versículo sugere que orar em línguas é de alguma forma um ato egoísta e que, portanto, deve ser evitado. "Afinal de contas", dizem eles, "Paulo diz que quando oramos em línguas, estamos apenas edificando a nós mesmos".

Minha resposta a esse argumento é sempre a mesma: "E daí?"

O que, exatamente, tem de errado em se fortalecer espiritualmente? Não é para isso que encorajamos os novos convertidos a ler a Bíblia todos os dias? Eu descobri que passar tempo com Deus diariamente também me fortalece. Isso deveria ser evitado? Há alguma virtude em ser espiritualmente fraco e derrotado que eu não saiba?

> **O QUE, exatamente, tem de ERRADO em se FORTALECER ESPIRITUALMENTE?**

Sim, quando oramos em línguas, ou no Espírito, nos fortalecemos. E fazer isso é essencial se quisermos ser cidadãos úteis, produtivos e vitoriosos no reino de Deus. Também é verdade que numa reunião pública de adoração, nosso foco deve estar em edificar o corpo como um todo. A propósito, descobri que não sou de muita ajuda para os outros se não fortaleci a mim mesmo primeiro. Se eu não tiver suprimentos espirituais em meu cantinho de oração, não tenho muito para dar quando vou para uma reunião de crentes.

Obviamente, não há nada de errado em se fortalecer. Na verdade, Paulo não poupa esforços ao longo do restante do capítulo para garantir que seus leitores entendam isso. Ele repetidamente enfatiza seu desejo de que todos falem em línguas e afirma que ele fala em línguas mais do que todos eles.

Aliás, antes de Paulo finalizar esse capítulo, ele parece preocupado com a possibilidade de os líderes da igreja haverem tido uma impressão errada. Então, no versículo 39, ele adiciona: "*não proíbam o falar em línguas*". Paulo percebe que apenas porque algo bom e útil pode ser abusado, algumas pessoas tentarão desperdiçá-lo. E ele está certo. Já ouvi pastores e líderes religiosos desobedecerem diretamente a esse versículo, pois proibiram todos em seu ministério de falar em línguas.

A questão é que toda boa prática e todo dom na igreja podem sofrer abuso ou uso impróprio. Porém, não deveríamos fazer com que o potencial para uso impróprio se torne uma desculpa para privar a todos desse dom.

Uma Parte Essencial da Armadura

O que muitas pessoas não percebem é que a Palavra aponta a oração no Espírito como sendo uma parte essencial da "*armadura de Deus*". Para a maioria dos crentes, a lista em Efésios 6 de "*toda a armadura de Deus*" é bem conhecida. Na verdade, Paulo usa duas vezes a palavra *toda* quando se refere a essa lista de defesas e de armas espirituais.

Acabamos de aprender que orar no Espírito nos fortalece e nos edifica. Certo? Veja agora como Paulo apresenta sua descrição da armadura de Deus:

"*Finalmente, fortaleçam-se no Senhor e no seu forte poder. Vistam toda a armadura de Deus, para poderem ficar firmes contra as ciladas do diabo, pois a nossa luta não é contra pessoas, mas contra os poderes e autoridades, contra os dominadores deste mundo de trevas, contra as forças espirituais do mal nas regiões celestiais. Por isso, vistam toda a armadura de Deus, para que possam resistir no dia mau e permanecer inabaláveis, depois de terem feito tudo."*

Efésios 6:10-13

Essa passagem inteira contém instruções sobre como se fortalecer *"no Senhor e no Seu forte poder"*. Por que precisamos de força espiritual sobrenatural? Porque estamos numa batalha diária contra o diabo – e contra *"poderes e autoridades, contra os dominadores deste mundo de trevas, contra as forças espirituais do mal nas regiões celestiais"*. Agora pergunte a si mesmo, essa é uma batalha em que você quer entrar fraco, esgotado e indefeso?

Paulo também diz que precisamos ter *"Seu forte poder"* para que possamos *"resistir no dia mau"*. É possível que você esteja num dia mau agora mesmo. Ao olhar a escuridão espiritual no mundo e na cultura à nossa volta, você não vê que necessitamos de toda força espiritual que pudermos obter?

> Ao **OLHAR** a escuridão espiritual no mundo e na **CULTURA** à nossa **VOLTA,** você não vê que **NECESSITAMOS** de toda força **ESPIRITUAL** que pudermos obter?

Paulo continua a nos mostrar como permanecer fortes. Ele começa listando os conhecidos itens da armadura espiritual:

"Estai, pois, firmes, tendo cingidos os vossos lombos com a verdade, e vestida a couraça da justiça; E calçados os pés na preparação do evangelho da paz; Tomando sobretudo o escudo da fé, com o qual podereis apagar todos os dardos inflamados do maligno. Tomai também o capacete da salvação, e a espada do Espírito, que é a palavra de Deus;"

(versículos 14-17, ACF)

É aí onde a maioria das pessoas que citam essa passagem para. Elas mencionam a *"espada do Espírito"* e depois param. Mas, por favor, note a ausência de ponto final após a palavra *"Deus"* no último versículo. Esse ponto e vírgula nos diz que a frase continua. Por que nunca continuamos a ler depois disso? Ela continua assim: *"orando em todo tempo com toda a oração e súplica* no Espírito" (v. 18).

Alguém já lhe ensinou que orar no Espírito faz parte da sua armadura espiritual? Pois é. E, uma vez que passamos a entender que orar no Espírito nos fortalece espiritualmente, faz perfeito sentido que Paulo mencione isso na passagem em que nos ensina a nos fortalecermos no Senhor.

Toda a Armadura de Deus

Você e eu precisamos de *"toda"* a armadura de Deus – não apenas de algumas partes dela. Temos um inimigo que vem somente para *"roubar, matar, e destruir"* (Jo 10:10, ACF). Nosso adversário *"anda ao redor como leão, rugindo e procurando a quem possa devorar"* (1 Pe 5:8).

Sim, precisamos da espada do Espírito – a Palavra de Deus. Quando o inimigo tenta Jesus no deserto, Jesus repele seus ataques citando as Escrituras. *"Está escrito..."*, disse Ele repetidamente. Além disso, a Palavra é o padrão com o qual devemos medir toda palavra profética e declaração feitas pelo homem. Se não estiver alinhada com a Palavra, não a aceite.

Sim, precisamos de nossos lombos cobertos com a verdade, de estarmos vestidos com a couraça da justiça e de todo o restante. Mas se não orarmos *"em todo tempo com toda a oração e súplica* no Espírito", perderemos algo essencial. É a fonte de nossa força para ficar de pé e de nosso poder de lutar.

Edificando a Nós Mesmos

Existe outra testemunha bíblica que pode atestar que orar no Espírito nos edifica espiritualmente? Sim! Dê uma olhada no livro de Judas. Encontramos o seguinte no versículo 20: *"Edifiquem-se, porém, amados, na santíssima fé que vocês têm, orando no Espírito Santo"*.

Qual é a receita de Judas para termos uma fé forte e nos edificarmos? Orar *"no Espírito Santo"*.

Mais de duas décadas atrás – antes de eu me abrir para o batismo no Espírito Santo – estava pregando numa série de cultos de avivamento numa das igrejas que mais crescia na Convenção Batista do Sul. Na verdade, essa era uma das igrejas da denominação que mais fazia batismos. Eu estava animado para passar tempo com o pastor, pois Deus estava claramente fazendo coisas maravilhosas naquela igreja e eu queria descobrir por quê. Além disso, aquele homem tinha a reputação de ser um grande ganhador de almas, e isso também era algo pelo qual eu tinha paixão.

"Para ser franco, **PRECISO** de toda a **EDIFICAÇÃO** que eu puder conseguir".

Em certo ponto, durante meu tempo ali, soube que aquele pastor, para minha grande surpresa, havia recebido o batismo no Espírito Santo e que sempre orava em línguas em seus momentos a sós com Deus. Baseado nos preconceitos e nas opiniões erradas que eu tinha na época, achei aquilo um pouco alarmante.

Finalmente, eu tive coragem de perguntar a ele sobre isso. "Ouvi que você ora em línguas", eu comentei quando estávamos sozinhos.

Ele balançou a cabeça e disse "Sim".

"Posso perguntar por quê?"

Ele olhou para mim e respondeu sem rodeios: "Bem, a Bíblia diz que isso nos edifica. E, para ser franco, preciso de toda a edificação que eu puder conseguir".

Naquele momento, nossa conversa foi interrompida, e pulamos para outros assuntos. Mas eu tenho pensado sobre essa resposta simples e humilde muitas vezes desde aquele dia. Como os versículos que examinamos nesse capítulo deixam claro, ele estava certo. A Bíblia realmente nos diz que orar no Espírito nos edifica. E *todos* nós podemos usar todo fortalecimento espiritual que pudermos obter – especialmente nesses dias em que estamos vivendo.

Pergunte a si mesmo: *Se a Bíblia diz que orar em línguas me edifica, por que eu não iria querer isto?*

20

A Escolha É Sua

Como pastor, tenho tido o privilégio de levar muitos crentes – após abrir a Palavra e mostrar-lhes as coisas que temos explorado neste livro – a receber o batismo no Espírito Santo. E, depois de muitos anos ajudando outros cristãos a fazerem a mesma descoberta maravilhosa que eu fiz, tenho notado alguns equívocos e enganos comuns no pensamento daqueles que relutam em não receber o dom de línguas.

Um dos que mais prevalecem é a suposição de que, quando nos abrimos para receber o dom de línguas, ele de alguma forma virá involuntariamente jorrando de você como se você fosse um hidrante aberto de palavras estrangeiras. Eu compreendo. Eu também achava algo similar a isso.

Muitas pessoas pensam que orar em línguas, pela primeira vez, será seguido de entrar em transe e tremer violentamente por alguns minutos.

Não é assim.

O que é ainda pior, por causa do mesmo equívoco, muitas pessoas que fora isso provavelmente estariam abertas para receber a graça do dom de línguas, têm medo porque não querem estar na fila do caixa do supermercado e, de repente, começar a entregar uma mensagem em línguas descontroladamente. Elas imaginam como ficariam envergonhadas se o Espírito Santo escolhesse o momento exato de uma reunião importante de negócios para, repentinamente, começar a cantar uma canção numa versão celestial de suaíle.

Novamente, não é assim.

Nada relacionado aos dons do Espírito Santo acontece dessa maneira. A verdade é que operar em qualquer um dos dons espirituais é uma escolha que fazemos. Lembre-se do simples resumo de Paulo sobre tudo o que escreveu sobre o dom de línguas em 1 Coríntios 14. Ele diz: *"Então que farei? Orarei com o espírito, mas também orarei com o entendimento; cantarei com o espírito, mas também cantarei com o entendimento"* (v. 15).

Note que no versículo acima os verbos estão no tempo futuro. Isso deixa claro que teremos que entrar em ação e exercitar nossa vontade para orar ou para cantar no Espírito, assim como fazemos quando oramos ou cantamos com nosso entendimento. Em outras palavras, é uma escolha. É como qualquer outra coisa que fazemos em nossa vida cristã. Temos que nos render ao Espírito Santo. Temos que escolher cooperar com Ele.

Um Exercício de Fé

Outro engano comum é que dar um passo à frente e orar em línguas não requer nenhuma fé. O fato é que requer sim um grande passo de fé, assim como a oração regular em nossa língua materna.

Pense no seguinte. Você está numa sala sozinho e decide começar a falar em voz alta com um Deus que você nunca viu. Se por acaso alguém passar pela porta, ele talvez pensaria: "A quem essa pessoa está falando se ele está sozinha ali dentro?"

Toda oração é um passo de fé. Essa é a mensagem central das palavras de Hebreus 11:6: *"Sem fé é impossível agradar a Deus, pois quem dele se aproxima precisa crer que ele existe e que recompensa aqueles que o buscam"*.

> Toda **ORAÇÃO**
> é um passo de **FÉ**.

FREQUENTEMENTE, QUANDO ORAMOS NÃO *sentimos* algo. Às vezes, pode parecer que nossas orações não passam do teto; mas, como conhecemos a Palavra de Deus, sabemos – pela fé – que Ele ouve nossas orações e se aproxima daqueles que se aproximam Dele.

Da mesma forma, dar um passo à frente para orar na sua língua de oração é um exercício de fé. Já ouvi algumas pessoas para quem esse assunto é muito novo dizerem: "Tentei, mas parece soar como sílabas de balbucio para mim". Bem, isso não deveria nos surpreender. Se você é um pai, pense em como era quando seus filhos começaram aprender a falar. Eles não acordaram um dia e começaram a falar perfeitamente com frases complexas. Todas as crianças começam com poucas sílabas hesitantes.

Quando meu neto tinha cerca de dezoito meses, ele veio me visitar. Ficava engatinhando pra lá e pra cá, apontava para mim e dizia "Ma-pa-da-de-ma-pa-ta-ia". Ele parecia muito verdadeiro no que comunicava, então eu dizia: "Mesmo?". E ele imediatamente replicava: "Ma-pa-da-de-ma-pa-ta-ia". Continuávamos a conversa por um momento, apesar de eu não entender uma palavra do que ele dizia. Aparentemente, eu não tinha o dom de interpretação. No entanto, a mãe dele tinha. Ele balbuciava algumas sílabas incompreensíveis e ela sabia exatamente o que ele queria.

Quando meu filho mais novo era bebê e estava começando a falar, lembro-me de estar na mesa de jantar e escutá-lo, em sua cadeirinha, dizer algo parecido com "Ba-ga-ba-ba!". Ele estava claramente tentando nos dizer algo, mas sua mãe e eu não fazíamos ideia do que era. Então, ele repetia ainda mais alto e mais enfaticamente: "Ba-ga-ba-ba!"

Daí, seu irmão mais velho, que na época tinha quatro ou cinco anos, disse: "Ele quer mais milho". Olhamos para ele e pensamos, *Como você entendeu "Mais milho" em "Ba-ga-ba-ba"?* Mas como era de se esperar, colocamos mais milho no prato dele e ele nos deu um sorrisão e ficou todo feliz.

O que quero dizer é que, quando oramos para receber o batismo no Espírito Santo, talvez não tenhamos um vocabulário completo com uma sintaxe complexa na primeira vez em que dermos um passo de fé e começarmos a orar em nossa língua de oração. Mas, também pode ser que sim. Eu já conheci pessoas que experimentaram isso, mas esse não é o padrão. Além disso, nossa língua de oração não será necessariamente um idioma real falado por alguma tribo ou nação da Terra. Veja o que Paulo diz no primeiro versículo do "capítulo do amor", 1 Coríntios 13: *"ainda que eu fale as línguas dos homens e dos anjos..."* Nossa língua de oração pode ser uma língua angelical. Entretanto, já ouvi testemunhos de pessoas que entregaram uma mensagem em línguas num grupo de crentes e depois veio um estranho de outro país dizer-lhes: "Você estava falando minha língua materna e no perfeito dialeto da minha região. Você tinha até o sotaque!".

Começar é uma escolha que requer fé. Como disse acima, o Espírito Santo não irá tomar o controle das suas cordas vocais, dos seus pulmões e da sua língua e falar em seu lugar. Os dons espirituais não funcionam assim. Por exemplo, a Bíblia fala sobre o "dom de dar", mas quem tem esse dom nunca viu um cheque sair sozinho do seu bolso e sair voando para a cesta de ofertas.

Não, para operar no dom de dar, é preciso dar um passo de fé e escolher, por um ato da sua vontade consciente, preencher um cheque. Da mesma forma, se quisermos orar no Espírito, teremos que abrir nossas bocas e começar a falar uma língua que não conhecemos. Isso exige fé e uma decisão consciente de cooperar com o Espírito Santo.

Uma Questão De Confiança

Outro obstáculo frequentemente impede pessoas de se renderem completamente ao Espírito Santo. Essa barreira se resume a uma questão de confiança. Permita-me explicar.

Ao longo dos anos, encontrei algumas pessoas que genuinamente queriam cooperar total e inteiramente com o Espírito Santo, mas foram impedidas pelo medo. Mais especificamente, temiam que, se baixassem a guarda e se abrissem totalmente ao Espírito Santo, poderiam acabar sendo influenciadas por algo obscuro. Estou falando de poderes demoníacos. Isso tem sido uma preocupação que já ouvi em várias ocasiões. Aliás, lembro-me de ter tido esse mesmo pensamento. Em meu coração eu dizia: *E se eu me abrir para o Espírito Santo, mas em vez disso de alguma forma pegar um demônio?*

A boa notícia é que, dois mil anos atrás, Jesus antecipou esses medos e certo dia os abordou diretamente numa conversa com Seus discípulos. Antes de examinarmos essa conversa, porém, precisamos dar uma olhada em algumas palavras anteriores de Jesus que iluminam as seguintes.

Em Lucas 10:19, ouvimos Jesus falar aos setenta discípulos que estavam sendo enviados, em duplas, para viagens curtas de ministério. Jesus diz:

> *"Eu lhes dei autoridade para pisarem sobre cobras e escorpiões, e sobre todo o poder do inimigo; nada lhes fará dano."*

Podemos observar muitas verdades maravilhosas nessa declaração de Jesus. Mas uma coisa que quero que você note é que Jesus usa "cobras" e "escorpiões" para simbolizar forças demoníacas. Ele não está dando a eles poder para literalmente pisar em cobras e em ferrões de escorpiões. Sabemos que "cobras e escorpiões" se referem a demônios, pois Ele complementa com "...*e sobre todo o poder do inimigo*". Isso é confirmado no versículo seguinte, em que Jesus diz: "*Contudo, alegrem-se, não porque os espíritos se submetem a vocês...*".

Com isso em mente, vamos avançar um capítulo e olhar com olhos puros o que Jesus diz aos Seus discípulos sobre oração:

> *"Por isso lhes digo: Peçam, e lhes será dado; busquem, e encontrarão; batam, e a porta lhes será aberta. Pois todo o que pede, recebe; o que busca, encontra; e àquele que bate, a porta será aberta. Qual pai, entre vocês, se o filho lhe pedir um peixe, em lugar disso lhe dará uma cobra? Ou se pedir um ovo, lhe dará um escorpião? Se vocês, apesar de serem maus, sabem dar boas coisas aos seus filhos, quanto mais o Pai que está no céu dará o Espírito Santo a quem o pedir!"*
>
> *Lucas 11:9-13*

O contexto dessa passagem inteira é Jesus respondendo ao pedido dos discípulos: "*Ensina-nos a orar*". Após mostrar a eles o que chamamos de A Oração do Pai Nosso, Jesus oferece a eles (e a nós) um poderoso lembrete sobre a generosidade e a bondade de Deus.

> JESUS OFERECE a eles (e a nós) um poderoso LEMBRETE sobre a generosidade e a BONDADE de DEUS.

"Peçam, busquem, e batam", Jesus diz, "e vocês receberão, encontrarão e verão portas abertas". Mais importante ainda é que Ele nos deixa saber que quando pedimos a Deus por algo bom e sagrado, não precisamos nos preocupar em receber algo ruim ou demoníaco (uma "cobra" ou um "escorpião"). Ele é um bom Pai.

É a última frase de Jesus, acima, que realmente chama nossa atenção para a questão do batismo no Espírito Santo: *"quanto mais o Pai que está no céu dará o Espírito Santo a quem o pedir!"*

Será que pensamos mesmo que um Pai celestial amoroso e compassivo nos deixaria receber um espírito impuro, profano e demoníaco, enquanto estamos obedecendo ao encorajamento de Sua Palavra de buscar o Espírito Santo? Claro que não! Isso é um insulto à bondade, ao poder e à integridade de Deus. Contudo, eu tinha esse pensamento mesmo assim, exatamente como muitos outros têm.

Bom é que, há mais de dois mil anos, Jesus antecipou esse medo e lidou logo com ele.

Outros Empecilhos

Aquele medo de receber algo ruim enquanto pedia por algo bom não era o único obstáculo que encontrei entre mim e o derramamento completo do Espírito Santo em minha vida. Eu tinha um monte de outros empecilhos. Na verdade, eu e minha esposa, Debbie, tínhamos. Assim como tudo em nossa vida, caminhamos a jornada à plenitude do Espírito Santo juntos.

Eu estava no ministério integral, e havíamos escutado sobre o batismo no Espírito Santo por vários anos. Amávamos o Senhor. Amávamos e honrávamos Sua Palavra. E, se havia algo que Deus tinha para nós – algo que nos tornaria mais eficazes para Ele – nós queríamos. No entanto, havíamos recebido muitos ensinamentos negativos sobre os dons do Espírito Santo quando éramos jovens. As raízes dessa doutrina religiosa enganosa ficaram bem profundas, e ainda não estávamos convencidos, de um ponto de vista bíblico, de que o batismo no Espírito Santo era uma experiência válida após a salvação.

Por alguma razão, nunca questionamos a validade do batismo nas águas após a salvação. Porém, tínhamos um problema com toda a ideia de receber o batismo no Espírito Santo após ela.

Tínhamos muitas perguntas, mas eventualmente nos encontramos numa igreja com um pastor que entendia muitas das coisas que compartilhei nas páginas anteriores. Ele compreendia e ensinava a realidade dos três batismos, e que os dons do Espírito ainda estão disponíveis para os crentes hoje. Não muito depois que fomos àquela igreja, o pastor deu uma aula sobre essas coisas.

Ele nos levou versículo após versículo e, antes de terminar, nós já estávamos convencidos. Estávamos prontos para receber. No fim da aula, fomos até ele e pedimos que orasse conosco para que recebêssemos o batismo no Espírito Santo.

Ele colocou as mãos sobre a Debbie e orou por ela. Depois a guiou numa oração sozinha. O padrão bíblico no livro de Atos é que, quando o Espírito Santo vinha sobre as pessoas e as enchia, elas frequentemente começavam imediatamente a falar em línguas. Ele perguntou a Debbie se algumas palavras ou sílabas vinham à mente dela. Ela disse que sim e ele a encorajou a dizê-las. Ela agiu conforme a orientação dele e, na mesma hora, recebeu as primícias de sua língua de oração.

Em seguida, o pastor me levou pelo mesmo processo. No final, ele perguntou: "Você sente vontade de dizer algo?" De fato eu sentia. O que eu sentia vir do meu espírito à minha mente não eram palavras nem sílabas de uma língua desconhecida. Sentia uma mensagem surgindo dentro de mim. Ele disse: "Apenas diga o que está chegando em sua mente".

Eu disse: "Temos que ser um povo santo. É importante que o povo de Deus viva corretamente e com pureza".

Naquele momento eu não sabia, mas estava profetizando. Era uma versão de uma palavra profética de iniciante. Agora sei que isso também está inserido no padrão bíblico também. Atos 19:6 diz: *"Quando Paulo lhes impôs as mãos, veio sobre eles o Espírito Santo, e começaram a falar em línguas e a profetizar."*

Nas semanas seguintes, eu pude sentir uma diferença real em meu coração e em meus tempos de oração. Mas eu estava um pouco incomodado com

> Eu pude **SENTIR** uma **DIFERENÇA** real em meu **CORAÇÃO** e em meus tempos de **ORAÇÃO**.

o fato de não ter falado em línguas. Debbie, por outro lado, estava crescendo e amadurecendo em sua língua de oração dia após dia. Para ser sincero, meu orgulho masculino foi um pouco ferido ao ver minha esposa fluindo em uma bênção do Espírito Santo que eu parecia não possuir.

Dois meses depois, Debbie e eu estávamos nos aprontando para ir à igreja num domingo de manhã quando percebi que ela tinha um sorriso estranho no rosto. Ela tinha a expressão de alguém que sabia de um segredo engraçado que eu não sabia. Lembro-me de ter pensado: *Por que ela está sorrindo?* Quando eu não conseguia mais aguentar, perguntei o que estava acontecendo.

Percebi que ela estava relutando em me contar, e isso atiçou ainda mais a minha curiosidade. Eu a pressionei e ela finalmente disse: "Bem, eu não quero embaraçar você".

Não pude resistir àquilo e perguntei: "O quê? Me embaraçar por quê?"

Ela disse: "Ok. Noite passada, eu não conseguia dormir, então acordei e fui para a sala ler minha Bíblia. Depois, quando voltei para o quarto... bem... foi aí que ouvi você".

"Foi aí que você me ouviu fazendo o quê?", eu perguntei, bastante confuso. "Eu estava roncando?"

Ela disse: "Não. Falando em línguas".

"O quê?"

"Isso mesmo, você estava falando em línguas na noite passada enquanto dormia. Falando e falando como louco em alguma outra língua".

"Você está inventando isso!"

"Não, eu juro", ela disse. "Por que eu inventaria isso?"

Parece que eu tinha a habilidade de usar minha língua de oração durante meu sono, mas, até então, eu não podia fazer o mesmo quando estava acordado. Aqui está o que teorizei mais tarde sobre aquela experiência. Creio que eu era tão cabeça dura, que meu espírito tinha que esperar até que minha mente caísse adormecida, para que pudesse orar. Minha mente estava tão doutrinada e presa à tradição, que estava me atrapalhando. Porém, com a mente desligada durante o sono, meu espírito nascido de novo tinha a liberdade de ter comunhão com o Espírito Santo e orar.

> Minha **MENTE** estava tão **DOUTRINADA** e presa à **TRADIÇÃO,** que estava me **ATRAPALHANDO.**

Depois daquilo, contei minha experiência para o meu pastor. Sua resposta foi: "Sim, isso acontece muito com pessoas cabeça-dura".

Bem, isso é tão encorajador, lembro-me de ter pensado. É bom saber que não sou o único! Ele continuou a dizer que eu provavelmente havia construído uma fortaleza na minha mente contra esse dom. Talvez isso também tenha acontecido com você. Permita-me compartilhar o conselho que meu pastor me deu.

Ele disse: "Robert, da próxima vez que você estiver completamente sozinho, em total privacidade, e podendo passar um momento sem pressa com Deus, quero que você faça o seguinte. Passe um tempo lendo a Bíblia, depois coloque seu CD favorito de adoração e simplesmente adore a Deus. Esteja bastante aberto, desprotegido e seja muito sonoro em sua adoração. Então, depois de ter louvado, agradecido e adorado a Deus vocalmente em suas próprias palavras por um tempo, mude e comece a orar numa língua que você não conhece. Confie em Deus e abra sua boca livremente e fale. Confie Nele assim como você faz acerca de todas as outras coisas".

Eu mal podia esperar para seguir aquela recomendação, e assim a pratiquei logo na primeira oportunidade. Eu estava esperançoso. Achava que, se eu tinha o dom de línguas enquanto eu dormia, deveria tê-lo em algum lugar dentro de mim, quando estivesse acordado. De fato, comecei a falar em minha língua de oração a partir daquele dia. Mas foi um pouco diferente do que eu imaginava. Acho que eu esperava sentir correntes elétricas passando pelo meu corpo ou ter visões de anjos subindo escadas ou algo parecido. Para ser sincero, não "senti" nada.

Mais Fé do que Emoções

Quando vi meu pastor novamente, ele me perguntou se eu havia "rompido". Eu respondi que sim, mas que estava surpreso com a falta de emoção. Ele me tranquilizou dizendo: "Não se preocupe com isso, Robert. Apenas continue fazendo pela fé. Você provavelmente não sente nada também quando dizima. Mas você o faz pela fé, em obediência, e com expectativas da mesma forma. Simplesmente continue em frente". Então, segui conforme ele disse.

Alguns meses depois, estava longe de casa, numa viagem do ministério. Estava num hotel e acordei cedo para caminhar, orar e passar tempo com o Senhor. Eventualmente, me encontrei ao lado da piscina deserta na área externa do hotel.

Estava frio e eu sabia que provavelmente não seria interrompido. Então comecei a andar em volta da piscina louvando a Deus e orando. Enquanto orava no meu idioma materno, senti algo que raramente havia sentido antes. Senti peso e poder em minhas orações como se o próprio Espírito Santo estivesse as carregando para o Pai.

> Era **EVIDENTE** para mim que meu **ESPÍRITO** humano **NASCIDO DE NOVO** e o Espírito Santo estavam **SINCRONIZADOS**

Então, tive um pensamento que agora sei que não se originou em mim. Eu ouvi: *Você deve orar no Espírito.*

Eu obedeci aquilo, e estou tão feliz por ter feito isso. Comecei a orar em minha língua de oração e, quase instantaneamente, ela simplesmente... decolou. Essa é a única maneira como sei descrever. Foi diferente. Era uma língua. Eu ainda tinha completo controle sobre ela e podia ter parado em qualquer instante, mas não queria. Era um fluir tão lindo – era evidente para mim que meu espírito humano nascido de novo e o Espírito Santo estavam sincronizados.

Lembro-me de que comecei a andar para frente e para trás ao lado daquela piscina, como se estivesse pregando no púlpito de uma igreja. Pareceu apropriado gesticular enquanto falava aquela língua que não conhecia. Acho que se alguém tivesse me visto naquele momento, acharia que eu tinha ficado acordado a madrugada toda bebendo. Mas foi exatamente isso que alguns daquela multidão em Jerusalém no Dia de Pentecostes pensaram dos discípulos.

Eu não sabia o que estava dizendo, pois naquela época não sabia pedir ao Espírito Santo pela interpretação. No entanto, sabia que eu estava pregando poderosamente, declarando e profetizando, e tinha certeza de que estava sendo bom para o reino de Deus. Lembro-me de ter pensado: *Ah, era isso do que as pessoas tanto falavam! É isso que elas chamam de unção.*

O que eu estava fazendo? Estava orando *no* Espírito.

Daquele momento em diante, eu soube o que Paulo queria dizer quando disse aos crentes de Corinto: "*Gostaria que todos vocês falassem em línguas*" (1 Co 14:5).

Eu desejo isso para você. Por quê? Porque como vimos, é completamente *bíblico* e oferece um *benefício* extraordinário. Mas você não o receberá a menos que se abra com confiança e rendição. Por quê? Porque isso também é uma *escolha*.

Resumindo

Você é como eu era? A tradição ou um ensinamento errado em seu passado criaram fortalezas em sua mente e no seu coração que o impedem de se abrir para tudo que o Espírito Santo quer fazer em você? Se sim, também está limitando o que Ele pode fazer *através* de você.

Existem algumas barreiras de pé entre você e um derramamento completo do poder do Espírito Santo em sua vida? Se sim, por que você permite que elas prevaleçam? Eu posso garantir que se você tivesse uma mera suspeita de como é maravilhoso ter a voz e a direção do Espírito Santo em plena dimensão, você não iria hesitar nem por um instante.

Você tem temido que, ao se destituir das suas defesas espirituais, possa estar se abrindo para a influência de algo impuro ou profano? Agora você sabe que pode descansar na promessa que vem dos lábios do próprio Jesus:

> *"Qual pai, entre vocês, se o filho lhe pedir um peixe, em lugar disso lhe dará uma cobra? Ou se pedir um ovo, lhe dará um escorpião? Se vocês, apesar de serem maus, sabem dar boas coisas aos seus filhos, quanto mais o Pai que está no céu dará o Espírito Santo a quem o pedir!"*
>
> *Lucas 11:11-13*

Você pode confiar Nele. Como Tiago nos diz: *"Toda boa dádiva e todo dom perfeito vêm do alto, descendo do Pai das luzes, que não muda como sombras inconstantes"* (1:17). Se já houve um dom bom e perfeito que desceu do Pai, esse dom é o Espírito Santo. Ele é bom. Ele é perfeito.

O que você está esperando?

PARTE VII

O Deus Que Você Precisa Conhecer

21

Seu Novo Melhor Amigo

Uma história é contada sobre um homem pobre do leste europeu no início do século XX. O homem ansiava se mudar com sua família para os Estados Unidos na esperança de construir uma vida melhor. Após alguns anos de economia e poupança, ele finalmente acumulou dinheiro suficiente para comprar uma passagem na terceira classe de um grande navio para a cidade de Nova Iorque.

O homem tinha dinheiro para apenas uma passagem. Então, ele e sua esposa decidiram que ele iria primeiro, encontraria um emprego e, o mais rápido possível, guardaria dinheiro suficiente para levar todos à América para se juntarem a ele.

O homem gastou praticamente todas as suas economias com a passagem, fazendo com que tivesse quase nada para comprar comida a bordo do navio. Além disso, ele precisaria do pouco dinheiro que tinha para se estabelecer quando chegasse à terra prometida da América. Então, comprou uma rodela de queijo duro e uma caixa de biscoitos para se alimentar durante a viagem de doze dias ao Novo Mundo.

Quando sua jornada pelo oceano começou, ele cuidadosamente racionou seu queijo e seus biscoitos para ter certeza de que durariam toda a viagem. Às vezes, durante a hora das refeições, ele olhava de forma esfomeada através das janelas do salão de jantar, onde refeições simples, mas abundantes, eram servidas aos outros passageiros. A comida parecia deliciosa, mas ele se confortava com o pensamento de que num dia futuro ele ganharia o suficiente para comer bem e alimentar sua família. Então, ele se voltava para seu pequeno quarto e para sua porção de queijo.

No último dia de sua jornada, havia muita alegria a bordo porque, em breve, a Estátua da Liberdade e a entrada para a Ellis Island estariam à vista para os novos imigrantes. Ainda bem, porque o homem já havia comido sua última porção de queijo e biscoitos ao meio-dia do dia anterior. Ele estava com fome.

O homem eventualmente se encontrou no corrimão do navio, de pé, ao lado de um dos tripulantes do navio. Eles conversaram um pouco sobre a emoção da chegada. Então o tripulante lhe fez uma pergunta: "Não quero me meter, senhor. Mas percebi que o senhor não fez nenhuma refeição com os outros passageiros no salão. Espero não termos feito algo que o tenha ofendido".

"Claro que não", disse o homem. "Todos têm sido tão agradáveis. É que estou guardando o pouco dinheiro que tenho para as despesas que terei ao me estabelecer na América. Não queria gastá-lo com comida".

> A **OPORTUNIDADE** de bênção e de **PROVISÃO** em sua **VIAGEM** havia sido **PERDIDA** para sempre.

A expressão de confusão do tripulante se tornou uma de comoção e tristeza quando entendeu o que o homem estava dizendo. "Oh, meu amigo", o tripulante disse. "Você não sabia que três refeições diárias estavam inclusas no valor da sua passagem? Nós preparávamos um lugar para o senhor todos os dias, mas o senhor nunca apareceu!"

É claro que o homem não sabia, até que já era tarde demais – e a oportunidade de bênção e de provisão em sua viagem havia sido perdida para sempre.

Um Lugar Preparado para Nós

Todos os dias, encontro cristãos que são como esse homem. Vivem sem a bênção e a provisão disponível para eles como filhos de Deus nascidos de novo na jornada da vida. Jesus enviou o Espírito Santo como um presente maravilhoso – melhor do que ter o próprio Jesus conosco na Terra – e o preço pago por Sua presença em nossas vidas foi totalmente pago por Jesus na cruz. O Espírito Santo veio com todas as outras incríveis bênçãos da salvação. No entanto, alguns crentes nunca receberam nem desembrulharam o presente.

Ao invés, vivem um cristianismo de queijo-e-biscoito. Perambulam por este mundo sem poder e desprovidos da riqueza da presença de Deus, consolando-se com o pensamento de que o Céu espera por eles.

Alguns, inclusive, olham desejosos para o poder e para o proveito no reino de Deus que alguns parecem ter. Com seus narizes encostados no vidro da janela, observam certos crentes que ouvem a voz de Deus claramente e sempre estão abençoando outros com mensagens oportunas de encorajamento e avivamento espiritual. Esses são os mesmos cristãos que parecem tomar decisões sábias e evitam armadilhas, quase como se soubessem com antecedência o que os espera dobrando a esquina. Eles oram com uma dimensão de poder e eficácia mais alta. Milagres e "coincidências" incríveis fazem parte da vida diária desses crentes.

Aqueles do lado de fora supõem que esses privilégios são para uma classe especial de cristãos, não para eles. Mas estão equivocados. Deus lhes preparou um lugar na mesa do banquete de Seu Espírito Santo, mas eles nunca apareceram.

Disponível para Todos

O batismo no Espírito Santo está disponível para todo crente. Ele não é uma placa de mérito ou uma medalha conquistada por poucas pessoas. Ele não é um nível de espiritualidade alcançado com esforço ou ao longo do tempo. Ele é um dom gratuitamente derramado sobre aqueles que pedem e recebem, inclusive o mais novo jovem crente. Como Jesus diz: *"Se vocês, apesar de serem maus, sabem dar boas coisas aos seus filhos, quanto mais o Pai que está no céu dará o Espírito Santo a quem o pedir!"* (Lc 11:13)

Outros cristãos simplesmente não sabem o que estão perdendo. Acham que seu cristianismo queijo-com-biscoito é tudo o que há disponível para eles. Talvez você fosse um desses antes de ler este livro. Agora, você sabe que isso não é verdade.

Como lembrete, aqui estão alguns dos benefícios e algumas das bênçãos que a amizade com o Espírito Santo traz:

- *Consolo.* Jesus chamou o Espírito Santo de Consolador, e Ele é uma presença constante em nossas vidas, pronto e capaz para nos encher de paz e de confiança (Jo 14:15-17, ACF; 1 Co 14:3).
- *Convicção.* Um dos papéis do Espírito Santo é nos convencer de que precisamos de Deus e nos mostrar que somos separados Dele. Então, Ele nos aproxima de Jesus, a única resposta de que precisamos, e finalmente nos convence de que fomos justificados diante de Deus através Dele (Jo 16:8-11)
- *Conselho.* O Espírito Santo é o Conselheiro que nos guia em toda a verdade e nos mostra o que há de vir; Ele nos ajuda a evitar armadilhas, feridas autoinfligidas e nos dá as palavras certas a dizer em circunstâncias difíceis (Jo 16:13; At 16:6).
- *Amizade.* O Espírito Santo é um companheiro e um amigo sempre presente que ainda por cima é Deus (2 Co 13:14; Fp 2:1).
- *Dons.* O Espírito de Deus vem com dons criados especialmente para nos capacitar para o proveito máximo no reino de Deus. Quando recebemos e operamos neles, todo o corpo se torna mais forte, mais saudável e mais pleno (Rm 12:6-8; 1 Co 12:1-10; 14:1; Hb 2:4).
- *Frutos.* Quanto mais o Espírito tiver liberdade para agir em nossas vidas, mais frutos colheremos. Se precisarmos de mais amor, paz, paciência, bondade ou outra coisa boa em nossa vida, simplesmente temos que nos render mais ao Espírito Santo (Gl 5:22-23; Ef 5:9).
- *Mistérios revelados.* O Espírito Santo é capaz de nos dar revelação e entendimento não disponíveis através de outros meios. Isso inclui revelação dos planos e propósitos de Deus, assim como conhecimento das chaves para solucionar desafios aparentemente insolúveis (1 Co 2:6-12).
- *Ajuda em oração.* O Espírito Santo está pronto e disponível para nos ajudar a orar com mais eficácia, além de orar através de nós. Muitos cristãos consideram a oração algo chato, um exercício sem vida, pois nunca se abriram para essa obra do Espírito (Rm 8:26; 1 Co 14:15).

- *Poder*. O poder de ser testemunha eficiente, corajosa, de compreender a Bíblia e de fazer praticamente tudo o que a vida cristã envolve vem da presença e do batismo do Espírito Santo (Lc 24:49; At 1:8; Rm 15:13; 1 Ts 1:5).
- *Liberdade*. Verdadeira liberdade é uma obra do Espírito Santo em nossas vidas. É uma obra que devemos autorizar e com a qual devemos cooperar (Rm 8:2; 2 Co 3:17).
- E há muito mais. É maravilhoso contemplar todas as coisas que o Espírito Santo pode fazer na vida do crente. Quando contemplamos essa realidade, torna-se ainda mais incrível o fato de que tantos cristãos continuam a dizer: "Não, obrigado" a obra Dele em suas vidas.

Outros continuam a permitir que o medo, a informação errada, o preconceito religioso, ou apenas o orgulho antigo os impeça de abrir as portas de seus corações para um Deus que os ama e deseja somente o melhor para eles.

Receba o Espírito Santo

Agora que estamos no fim dessa jornada bíblica, oro para que você não seja um dos cristãos medrosos, preconceituosos ou orgulhosos que recusam a impressionante oferta de amizade com o próprio Deus. Minha esperança é que você esteja pronto para pedir e receber, pois sei que a necessidade do poder e da presença do Espírito Santo na vida de um crente é tão crítica hoje, quanto era na época dos apóstolos. E experimentar Seu poder e Sua presença realmente é tão simples como pedir e receber. Nosso Pai celestial tem alegria e prazer em dar o Espírito Santo àqueles que pedem.

Assim como a experiência da salvação, o batismo no Espírito Santo é um dom gratuito do Pai que podemos receber pela fé.

O que podemos esperar quando o recebermos? Podemos esperar que as coisas sejam diferentes em nossa vida. Talvez você não sinta nada no momento em que pedir e receber. Novamente, isso é similar à experiência da salvação; algumas pessoas não sentem nada, mas vão adiante pela fé, enquanto outras experimentam alegria, lágrimas, libertação ou uma série de outros impactos físicos e emocionais. Todos são únicos.

Entretanto, o padrão das Escrituras é claro. Quando uma pessoa recebe o Espírito Santo, frequentemente há manifestações específicas associadas a esse encontro. Algumas ficam emocionadas ou expressam um dom do Espírito Santo como línguas ou profecia, enquanto outros notam uma mudança em sua revelação da Bíblia, ou em sua coragem para testemunhar. Apesar de manifestações não serem requisitos para receber o Espírito Santo, elas são comuns.

O Espírito Santo **NÃO É MÍSTICO**. Ele é **PRÁTICO**.

De fato, as manifestações e os dons são maravilhosos. Eles abençoarão e transformarão sua vida de inúmeras formas. Mas não são eles que eu desejo a você acima de tudo. Mais do que os dons que podem ser recebidos, quero que você conheça a *pessoa* incrível do Espírito Santo! Companheirismo, comunhão e intimidade – ou seja, a *amizade* – com o Espírito Santo é a maior bênção de todas.

O Espírito Santo não é místico. Ele é prático e quer vir e ajudar você todos os dias. Deseja ser seu melhor amigo, que anda ao seu lado, que fala com você em todos os momentos, que o consola e que o capacita!

Minha oração é que você não passe nem mais um dia num cristianismo pobre de queijo-com-biscoitos, enquanto um banquete de dons e capacitação já foi comprado para você. Ele veio incluído na compra da sua passagem para o céu.

O Espírito Santo é o seu melhor amigo? Ele pode ser hoje.

O Deus Que Eu Não Conhecia

Para que você aproveite ao máximo cada sessão, este estudo dirigido foi preparado para ser usado *após* a leitura dos capítulos de cada sessão. Seja o seu estudo de *O Deus Que Eu Não Conhecia* individual ou em grupo, o objetivo é que você reflita profundamente, contemple e ore sobre o que você está aprendendo e aplique as verdades da Palavra de Deus à sua vida pessoal.

Este estudo dirigido possui oito sessões. No entanto, se seu grupo quiser avançar mais devagar, simplesmente ajuste a leitura e o uso das perguntas sugeridas conforme desejado.

Leia os Capítulos Antes de Cada Sessão

Cada sessão envolve capítulos determinados do livro. Ao lê-los, faça anotações e sublinhe passagens que falam com você e que o desafiam e se aplicam pessoalmente a você. Em sua leitura e reflexão, peça ao Senhor que lhe dê revelações para que, quando você vier para o estudo dirigido, esteja capacitado a tirar o maior benefício das questões propostas.

Introdução e Opiniões Gerais

No início de cada sessão em grupo, pergunte se alguém tem resposta de oração ou novidades acerca das sessões anteriores. Em seguida, orem juntos. Depois peça que alguém leia em voz alta a breve introdução para lembrar a todos do foco da discussão. O líder, então, deve convidar o grupo a compartilhar as perguntas, os pensamentos, as revelações ou os comentários que surgirão a partir de seu tempo pessoal com o material.

Sem Medo

O Deus Que Eu Não Conhecia é sobre a pessoa e o ministério maravilhosos do Espírito Santo na vida do crente. Como você deve imaginar (e como o autor prontamente admite em seu testemunho pessoal), é possível que os membros de seu grupo representem uma variedade de ensinamentos e históricos diferentes sobre o Espírito Santo. Tudo bem! Existem apenas três pré-requisitos para a participação no grupo: (1) um desejo humilde de crescer em Cristo e aprender de Sua Palavra; (2) corações e mentes verdadeiramente abertos para o que Deus queira revelar através das revelações do autor sobre Sua Palavra e (3) um compromisso de interagir gentil e respeitosamente com os outros e com o material apresentado.

Facilitadores e participantes do grupo não precisam ter medo do assunto ou das diferentes opiniões. Uma abordagem saudável para lidar com as discordâncias e com os conceitos que podem ser novos para alguém é falar: "Vamos ver o que a Palavra de Deus tem a dizer" e, então, revisar os versículos pertinentes referidos pelo autor. Se, após a discussão, for óbvio que o participante insiste em debater sobre o conceito, considere avançar dizendo: "Vamos levar essa questão ao Senhor em oração durante a semana e discuti-la depois, ok?" Isso ajudará, não apenas a manter as discussões calmas e no alvo certo, mas também ajudará o grupo a focar na Bíblia como a palavra final em todo assunto.

Acima de tudo, nunca deve haver nenhuma pressão ou intimidação para que os outros vejam as coisas de certa forma. Vocês estão numa jornada de descoberta juntos. Delicadeza é a chave – confiar no Espírito Santo para revelar verdade e, se necessário, transformar mentes e corações. Nunca se sabe: o coração e a mente transformados por Ele podem ser os seus!

Aborde as Questões

As questões de reflexão e discussão foram desenvolvidas para focar em como cada pessoa se refere aos principais tópicos dos capítulos. O propósito da maioria das questões desenvolvidas é de servir ao grupo e de encorajar discussão, e não extrair uma única resposta. Com isso em mente, *não corra com as questões*. Vá com calma e deixe o Espírito Santo trabalhar.

Não é necessário perguntar um a um antes de avançar para a próxima questão. As melhores discussões ocorrem quando as pessoas se sentem à vontade para falar. Na verdade, grupos de discussão são oportunidades para o Espírito de Deus ministrar unicamente através de um crente a outro de formas muito específicas. Se não der tempo de abordar todas as questões durante uma sessão, sem problemas. Relaxe e confie que Deus guiará a discussão até onde Ele quiser.

Versículos-Chave

Cada sessão oferece um versículo-tema que se conecta com o conteúdo dela. Os grupos devem ler o versículo em voz alta e, se alguém tiver uma Bíblia com tradução diferente, peça que ele leia em voz alta para que o grupo tenha uma ideia melhor sobre o significado da passagem. Encoraje os participantes a memorizar os versículos a fim de enriquecer seu conhecimento e sua estima sobre a ministração pessoal do Deus Espírito Santo.

Encerre com Oração

Orar juntos é a maneira mais poderosa de tornar a discussão eficaz, autêntica e relevante. Não deixe pouco tempo para a oração! Certifique-se de que os membros do grupo tenham a oportunidade de compartilhar seus pedidos. Em algumas sessões, também sugerimos que você inicie a oração com alguns minutos de oração em silêncio, para que todos os participantes possam falar com Deus pessoalmente sobre qualquer coisa que Ele possa estar ministrando a eles.

Informe os Capítulos para a Próxima Discussão

Antes da sessão 1, os membros do grupo devem ler os capítulos 1 e 2 de *O Deus Que Eu Não* Conhecia. Então, ao encerrar cada sessão, lembre aos participantes dos capítulos do livro que devem ser lidos antes da reunião seguinte.

Sessão 1 – Estou Perdendo Algo?
(Capítulos 1 e 2)

Introdução

Enquanto alguns crentes já fizeram a grande descoberta da obra do Espírito Santo em suas vidas, muitos outros permanecem longe do terceiro membro da Trindade – por medo, confusão, ou informações equivocadas sobre quem o Espírito Santo é – e da amizade, do poder e da direção que Ele oferece a todos que creem em Jesus Cristo.

Infelizmente, tamanha hesitação apenas os impede de avançar na fé. Na verdade, Jesus considerava a obra do Espírito Santo tão crucial que, na noite anterior à Sua crucificação, Ele disse aos Seus discípulos: "*E eu rogarei ao Pai, e Ele vos dará outro Ajudador, para que fique convosco para sempre, a saber, o Espírito da verdade, o qual o mundo não pode receber; porque não o vê nem o conhece; mas vós o conheceis, porque ele habita convosco, e estará em vós.*" (Jo 14:16-17, ARIB). Jesus sabia que, quando ascendesse ao Céu, não iria estar mais fisicamente na Terra para ajudar e para instruir Seus seguidores. Mas Deus tinha um magnífico plano de longo prazo: dar-nos o Espírito Santo ("*outro Ajudador*") para viver e habitar em todos os crentes, capacitando-nos, ensinando-nos e guiando-nos para viver à maneira de Deus num mundo hostil.

Neste estudo, exploraremos quem é o Espírito Santo, Sua ministração nos corações e nas vidas do povo de Deus e Seu papel em nos ajudar a viver a alegre e bem-sucedida vida cristã.

Reflexão e Discussão

1. Você se identifica com a experiência do autor de não saber muito sobre o Espírito Santo no início de sua jornada cristã? No começo de sua fé, qual era seu entendimento sobre a identidade e o papel do Espírito Santo na vida de um cristão?

2. Quando Robert estava indo para o seminário, seu pastor lhe deu o seguinte conselho: "Cuidado com as pessoas que falam sobre o Espírito Santo". O que você acha que estava por trás desse conselho? Você já teve essa cautela acerca do Espírito Santo? Por quê?

3. Robert escreve: "a maioria dos cristãos tem uma visão distorcida, incorreta ou incompleta do terceiro membro da Trindade... Muitos têm se entregado à derrota perpétua em suas lutas contra a tentação ou vêm tropeçando pela vida, tomando decisões com nada além de sua própria razão imperfeita para guiá-los. Outros vivem um tipo de cristianismo tedioso e sem poder". Você concorda ou discorda com a declaração de Robert sobre a maioria dos cristãos? Explique seus pensamentos. Se muitos ou a maioria dos crentes realmente não são fortes, amorosos, alegres ou eficazes como poderiam ser, a que você atribuiria suas fraquezas?

4. Jesus prometeu aos Seus seguidores "o Ajudador, o Espírito Santo a quem o Pai enviará em meu nome" (Jo 14:26). Pense na sua própria caminhada: como o Espírito Santo tem lhe ajudado ao longo do percurso? Compartilhe um exemplo recente.

5. Jesus continua dizendo: "[o Espírito Santo] vos ensinará todas as coisas, e vos fará lembrar de tudo quanto eu vos tenho dito". O que essa passagem significa para você a respeito da obra do Espírito Santo na vida cristã?

6. Robert escreve: "Ouvir a voz de Deus começa ao reconhecer qual membro da Trindade tem a tarefa de falar conosco nesta época da História. É o Espírito Santo, claro. O Pai está em Seu trono. Jesus está assentado à Sua direita e, de acordo com Hebreus 10:12-13, permanecerá lá *esperando até que os seus inimigos sejam colocados como estrado dos seus pés*". O Espírito Santo, porém, é ativo e presente e comissionado a interagir conosco na Terra hoje". Quais são as formas como um cristão pode ouvir a voz de Deus? Nesses exemplos, quem está falando? A direção do Espírito Santo pode ser contrária à Palavra de Deus ou à vontade de Deus? Por que ou por que não?

Versículo-Chave

Entre a sessão 2 e esta, reivindique a promessa de Jesus para si mesmo: "*Estas coisas vos tenho falado, estando ainda convosco. Mas o Ajudador, o Espírito*

Santo a quem o Pai enviará em meu nome, esse vos ensinará todas as coisas, e vos fará lembrar de tudo quanto eu vos tenho dito.” (Jo 14:25-26, ARIB)

Oração

Separe um momento para compartilhar necessidades e pedidos para a oração final. Certifique-se também de agradecer a Deus por prover Seu Espírito Santo para ajudar, ensinar, guiar e capacitar Seus filhos.

Para a Próxima Discussão

A fim de se preparar para o próximo estudo dirigido, leia os capítulos 3 e 4 de *O Deus Que Eu Não Conhecia*.

SESSÃO 2 – QUEM É O ESPÍRITO SANTO? (CAPÍTULOS 3 E 4)

Introdução

Se você é como muitos cristãos, deve ter encontrado – e até aceitado – alguns estereótipos negativos acerca do Espírito Santo e da "vida cheia do Espírito". O autor de *O Deus Que Eu Não Conhecia* fez isso. Robert demorou, mas, quando finalmente abriu sua mente e seu coração para a verdade bíblica sobre o Espírito Santo, rapidamente descobriu os incríveis benefícios que estava perdendo!

Na sessão 2, continuaremos a ver quem o Espírito Santo é. Note a ênfase em *quem*, e não *o que*, pois o Espírito realmente é uma pessoa e não uma força cósmica qualquer. Nos capítulos 3 e 4, Robert deixa claro através da Palavra de Deus que o Espírito Santo é Deus, assim como Deus é Deus e Jesus é Deus. O Espírito é a forma gloriosa de Deus de ser um amigo sempre presente e ativo na vida de todo aquele que confia em Cristo como Salvador e Senhor.

Vimos, na sessão 1, que Deus enviou o Espírito Santo para ser nosso Ajudador. O estudo de hoje se constrói sobre a identidade do Espírito ao mostrar que Ele também é nosso amigo... e que Ele é Deus.

Reflexão e Discussão

1. O autor escreve: "esses estereótipos estão realmente vivos e bem de saúde, hoje em dia, entre muitos que amam a Jesus. Muitas pessoas sinceramente relutam em abraçar a oportunidade de ter um relacionamento transformador de vida com o Espírito Santo por causa desses estereótipos.". Robert argumenta que satanás é o autor dos estereótipos "esquisitos" que o mundo atribui à vida controlada pelo Espírito Santo. Por que você acha que satanás não gostaria que o povo de Deus abraçasse a ajuda, a amizade e a divindade do Espírito Santo?

2. A partir de suas próprias observações e experiências, quais são as táticas que satanás usa para nos convencer de que aceitar a ministração pessoal do Espírito pode nos deixar desconfortáveis ou nos tornar esquisitos? Você já lutou contra esse tipo de medo? Compartilhe sua história.

3. No capítulo 3, Robert cita quatro benefícios maravilhosos que o Espírito Santo traz à vida do crente. Qual deles é mais significativo para você hoje? Por quê? Quando o Espírito Santo está verdadeiramente no controle dos seus pensamentos e de suas ações, que tipo de diferença essa bênção particular faz na sua vida?

4. Resuma o ensinamento do autor sobre como o Espírito Santo fala conosco. Se nós, como cristãos, não acreditamos que estamos ouvindo a voz do Espírito Santo, o que pode estar impedindo tal comunicação?

5. Robert escreve: "O testemunho das Escrituras é que o Espírito Santo é um membro pleno e equivalente da Trindade. O Espírito Santo não é uma força ou uma coisa. Ele é Deus em uma de Suas três pessoas. Tratá-Lo como um tipo de segundo plano celestial ou como um ser sobrenatural de ordem inferior, a quem escolhemos ignorar, é algo grave". Procure e leia em voz alta Mateus 28:19, João 14:16 e 15:26 (ARIB), e Atos 5:3-4. Após cada passagem, faça a seguinte pergunta: o que essa passagem afirma sobre a pessoa do Espírito Santo?

6. Foque por alguns instantes no último parágrafo do capítulo 4: "encorajo você a reconhecer três verdades antes de avançarmos em nossa jornada: (1) o Espírito Santo foi enviado para ser seu ajudador, (2) Ele deseja ser seu amigo íntimo e (3) a verdade que torna essas duas declarações as mais incríveis de todas é que *Ele é Deus*". O que essas verdades significam para você hoje? Como você descreveria o status do seu relacionamento atual com o Espírito Santo?

Versículo-Chave

Entre a sessão 3 e esta, foque nessa admoestação do apóstolo Paulo: *"Por isso digo: vivam pelo Espírito, e de modo nenhum satisfarão os desejos da carne"* (Gl 5:16).

Oração

Separe um tempo para compartilhar necessidades e pedidos para a oração final. Agradeça a Deus por prover Seu Espírito Santo para ser nosso ajudador pessoal e amigo.

Para a Próxima Discussão

A fim de se preparar para o próximo estudo dirigido, leia os capítulos 5, 6 e 7 de *O Deus Que Eu Não Conhecia*.

SESSÃO 3 – COMO É ESSA PESSOA? (CAPÍTULOS 5, 6 E 7)

Introdução

"A vida cristã é uma jornada para o alto", escreve o autor no capítulo 7. "No momento em que nascemos de novo, nós nos tornamos *justificados* – colocados numa posição correta diante de Deus. Mas a *santificação* – tornar-se puro e mais parecido com Cristo em nosso comportamento – é um processo. O Espírito Santo quer ser nosso parceiro e amigo nesse processo."

Nos capítulos 5, 6, e 7, Robert expande o fato de que o Espírito Santo não é uma entidade impessoal, mas que Ele é uma pessoa – com personalidade e com uma alma que consiste de mente, vontade e emoções. Saber disso nos garante que o Deus Espírito Santo é um amigo que verdadeiramente queremos conhecer intimamente, um ajudador em quem podemos confiar totalmente e um consolador com quem podemos contar nos momentos de dor. Que honra e privilégio é ter Deus vivendo em nós!

Reflexão e Discussão

1. Muitas passagens bíblicas descrevem ou demonstram que Deus é *onisciente* (sabe de todas as coisas), *onipotente* (todo-poderoso) e *onipresente* (simultaneamente em todos os lugares). O que isso lhe diz sobre o conhecimento, a força e a presença do Deus Espírito Santo? Por que isso é significativo para você como um filho de Deus?
2. Leia Efésios 3:20 (ACF) em voz alta. O que (ou, melhor, *Quem*) é o poder que opera em nós? Como você se sente por saber que seu ajudador pessoal e amigo é onipotente? Você está aproveitando ao máximo o poder Dele dentro de você?
3. Robert escreve: "A grande notícia é que temos o Espírito Santo vivendo dentro de nós e, como Deus, Ele possui o mesmo nível de sabedoria e de conhecimento. O Espírito Santo sabe tudo sobre tudo e Ele se comprometeu a ser nosso professor. Ele promete nos guiar a toda a verdade". O que o parágrafo acima faz você perceber sobre a mente do Espírito Santo? Pense em algumas maneiras específicas como Ele guia os crentes "a toda a verdade".
4. Com suas próprias palavras, explique as diferenças básicas entre a *vontade geral* de Deus e a *vontade específica* de Deus. Qual é a melhor forma de aprendermos e sabermos a vontade geral de Deus? Como somos mais propensos a aprender e a conhecer Sua vontade específica?
5. Você ficou surpreso ao ler que o Espírito Santo possui emoções – que podemos Lhe causar dor e tristeza? O que isso significa para sua amizade com Ele?

6. Leia Efésios 4:25-32 em voz alta. Robert escreve: "Observe alguns dos comportamentos específicos que entristecem o Espírito: mentira, pecado, furto, deixar de repartir com outros... Como o Espírito Santo habita em todos os crentes, maltratar algum deles envolve maltratar o Espírito Santo que está neles.". Quando entristecemos o Espírito Santo, o que acontece com nossa intimidade com Ele? Por quê? O que precisamos fazer a fim de restaurar nossa intimidade com Ele?

7. O autor escreve: "o preletor começou a dizer que, quando o Espírito Santo nos avisa sobre algo e nós ignoramos Seu aviso, isso é equivalente a dar um 'empurrão' Nele. Praticamente, dizemos ao Espírito Santo: 'Não quero Você na minha vida. Não quero escutá-Lo. Não quero segui-Lo – apesar de Você ter meus maiores interesses em mente'. O pregador em seguida falou sobre como não podemos repelir o Espírito Santo com o pecado num momento e depois esperar que Ele fale conosco sobre outro assunto momentos depois". Você se lembra de alguma vez em que o Espírito Santo estava falando com você e você deu um "empurrão" em Sua amorosa direção? Ao olhar para trás, você acha que a sua ação (ou a falta dela) entristeceu o Espírito Santo? Como a situação terminou quando você seguiu seu próprio caminho ao invés do Dele? Há alguma área da sua vida em que você ainda está percorrendo seu próprio caminho? O que o Espírito de Deus está lhe dizendo para fazer acerca disso?

Versículo-Chave

"Mas o fruto do Espírito é amor, alegria, paz, paciência, amabilidade, bondade, fidelidade, mansidão e domínio próprio."

Gálatas 5:22-23

Oração

Separe um momento para compartilhar necessidades e pedidos para a oração final. Depois, informe ao grupo que, no início do momento da oração, haverá alguns minutos de silêncio para que os participantes entrem em oração particular a fim de lidar com algo que o Espírito Santo esteja lhes dizendo.

Para a Próxima Discussão

A fim de se preparar para o próximo estudo dirigido, leia os capítulos 8 e 9 de *O Deus Que Eu Não Conhecia*.

Sessão 4 - A Grande Chegada
(Capítulos 8 e 9)

Introdução

Pouco antes de ascender ao Céu, Jesus instrui Seus discípulos a esperarem em Jerusalém pela *"Promessa de meu Pai, da qual lhes falei"*. Qual era essa promessa? *"Dentro de poucos dias vocês serão batizados com o Espírito Santo"* (Atos 1:4-5).

Então, eles esperaram, com fé, e a história relata que a Promessa foi cumprida no Dia de Pentecostes. O Espírito Santo desceu sobre 120 dos seguidores mais chegados de Cristo como um vendaval. Testemunhas viram o que descreveram como "línguas de fogo" enquanto o Deus Espírito Santo entrava nas vidas e nos corações daqueles cristãos. O Espírito os capacitou a proclamar com ousadia as boas novas de Jesus Cristo, inclusive em línguas estrangeiras, para que os visitantes de outros países que estavam em Jerusalém pudessem entender e abraçar aquela mensagem transformadora. A Bíblia diz que mais de 3 mil pessoas creram em Jesus Cristo naquele único dia.

Mas aquilo aconteceu naquela época e não hoje, certo? Como os cristãos de hoje recebem o Espírito Santo juntamente com Sua ajuda, Sua amizade e Seu poder para viver? Esta sessão, baseada nos capítulos 8 e 9 de *O Deus Que Eu Não Conhecia*, explora a empolgante verdade de que a experiência de Pentecostes, de ser batizado com o Espírito Santo, não foi apenas um evento de um dia na História: é para todo crente, aqui e agora.

Reflexão e Discussão

1. À luz da descrição do autor sobre Jerusalém durante a celebração da Páscoa e de Pentecostes, de que forma o momento e as manifestações da entrada do Espírito Santo foram estratégicas para a propagação do cristianismo?

2. De acordo com o autor: "no domingo de Pentecostes, o derramamento do Espírito Santo mudou tudo". Quais foram algumas das mudanças mais surpreendentes que aconteceram? Por que algumas dessas mudanças foram significativas naquela época? e agora?

3. Romanos 8:1 nos diz: "*Portanto, agora nenhuma condenação há para os que estão em Cristo Jesus, que não andam segundo a carne, mas segundo o Espírito*" (ACF). O que andar "*segundo o Espírito*" significa para você? Que diferença a presença Dele faz (ou deveria fazer) na vida diária do crente?

4. Após ser cheio com o Espírito Santo, Pedro prega para as multidões. Leia Atos 2:38-39 em voz alta. Qual é o dom que Pedro diz que as pessoas receberão se crerem em Jesus Cristo? Essa promessa era apenas para os que estavam escutando Pedro naquela ocasião? Se não, para quem e por quanto tempo aquela promessa é válida?

5. Baseado no capítulo 9 de *O Deus Que Eu Não Conhecia*, como você responderia a alguém que afirma que o Pentecostes foi um único evento na História e não é para os cristãos de hoje?

6. Robert conta que colocava condições sobre seu desejo de receber a plenitude do Espírito Santo, querendo fazer tudo sob seus termos. Por que você acha que ele não viu muita mudança em sua vida como resultado? Qual deve ser a atitude de alguém que quer receber esse dom de Deus?

7. Quando finalmente entendeu que recebemos a plenitude do Espírito Santo pela fé, Robert orou: "*Deus, eu confio em Ti, e quero tudo que o Senhor tem para mim. Quero ser o servo mais eficaz que eu possa ser. Desejo ser capacitado da mesma forma que os discípulos foram naquele cenáculo. Eu quero Seus dons. Quero Seu poder. Quero Você, Espírito Santo de Deus.*". Quais as diferenças entre a primeira

oração dele e essa? Por que você acha que Deus honrou *essa* oração e ajudou Robert a se apropriar da presença plena e do poder do Espírito Santo em sua vida?

Versículo-Chave

"Pedro respondeu: 'Arrependam-se, e cada um de vocês seja batizado em nome de Jesus Cristo, para perdão dos seus pecados, e receberão o dom do Espírito Santo. Pois a promessa é para vocês, para os seus filhos e para todos os que estão longe, para todos quantos o Senhor, o nosso Deus chamar'"

(At 2:39).

Oração

Separe um momento para compartilhar necessidades e pedidos para a oração final. Informe ao grupo que o momento de oração iniciará com alguns minutos de silêncio para que os participantes falem individualmente com Deus.

Para a Próxima Discussão

A fim de se preparar para o próximo estudo dirigido, leia os capítulos 10, 11 e 12 de *O Deus Que Eu Não Conhecia*.

Sessão 5 – A Transferência de Poder (Capítulos 10, 11 e 12)

Introdução

A maioria dos cristãos de hoje conhece a doutrina bíblica do batismo nas águas. Depois que alguém recebe a Cristo como Salvador, ser batizado nas águas é um ato de obediência à Palavra de Deus, que simboliza a morte e o sepultamento de sua antiga vida de pecado e a sua apropriação da nova vida em Jesus Cristo.

Mas o que muitos cristãos bem intencionados não percebem, e talvez não tenham aprendido em suas igrejas, é que na verdade existem três batismos para o cristão, e não somente um. Esses três batismos podem ser recebidos com entusiasmo, porque equipam o crente com uma nova vida, consolo, poder e direção do nosso próprio Deus Criador, através da ministração pessoal do Espírito Santo.

Nesta sessão, examinaremos os três batismos, com foco especial no terceiro. Muitos cristãos, inclusive alguns líderes famosos e reverenciados, demoraram a conhecer bem esse terceiro batismo durante suas trajetórias – e suas vidas nunca mais foram as mesmas depois de conhecê-lo.

Será que Deus tem uma descoberta similar guardada para você?

Reflexão e Discussão

1. Com suas palavras, aponte as principais diferenças entre os três batismos detalhados pelo autor: (1) batismo *do* Espírito Santo; (2) batismo nas águas e (3) batismo *no* (ou *com* o) Espírito Santo. Em cada caso, quem realiza o batismo? Qual é o significado de cada batismo e qual é o resultado final?

2. No início do capítulo 11, Robert conta a história do grande evangelista D. L. Moody, que, durante anos em seu ministério, achava que havia recebido todo o Espírito Santo que alguém poderia receber quando foi salvo. Porém, anos depois, Moody teve uma experiência que mudou sua vida: o batismo poderoso no Espírito Santo. Qual foi a sua reação ao ler essa história?

3. Leia Atos 8:12-16 em voz alta. O que essa passagem nos diz sobre a necessidade que todo crente tem de receber o batismo no Espírito Santo?

4. Acerca de Atos 8:12-16, Robert observa o seguinte: "Preste atenção no que essa passagem *não* diz. Ela não nos diz que os apóstolos em Jerusalém, quando ouviram que Samaria havia recebido a Palavra de Deus, enviaram Pedro e João para levar a comunhão cristã *porque tinham tudo de que precisavam*. Nos primeiros anos da minha caminhada cristã, foi exatamente isso que me ensinaram. Uma vez que eu já tivesse sido salvo e batizado nas águas, eu tinha tudo que precisava para viver a vida cristã. É claro que agora sei que sem receber o Espírito Santo eu vivia uma vida sem poder,

derrotada e de mínima eficácia no reino de Deus". Sua primeira experiência ou instrução sobre batismo foi similar a dos crentes em Atos, a de Moody e a de Robert?

5. Robert escreve: "Moody disse mais tarde que nunca mais foi o mesmo depois do dia em que foi batizado com o Espírito Santo. Ele percebeu que quase tudo que havia conquistado no ministério antes daquele momento havia sido pelo poder de sua força própria limitada. Depois, ele viu dezenas de milhares salvos em avivamentos em todo lugar a que foi". Talvez não tenhamos o chamado para o ministério evangelístico assim como Moody, mas quais benefícios o povo de Deus perde se o orgulho, o medo, as controvérsias ou a confusão o impedem de abrir o coração para a plenitude do Espírito Santo? Seja o mais específico possível.

6. No capítulo 12, Robert observa o seguinte: "Você deve ter notado que a fim de mudar Sarai para Sara, Deus teve que tirar o *i*. Podemos aprender muito com esse pequeno detalhe. Receber o batismo no Espírito Santo requer humildade. Pessoas orgulhosas e egocêntricas simplesmente não se rendem ao batismo no Espírito Santo". A partir de sua leitura de *O Deus Que Eu Não Conhecia* e da Palavra de Deus, descreva o coração e a mente de alguém que não está aberto para receber o "terceiro batismo". O que, em sua opinião, o impede de pedir essa bênção? Quais qualidades do coração são pré-requisitos essenciais para receber a plenitude do Espírito Santo?

7. Deus tem falado com você sobre seu relacionamento com Ele através de Seu Espírito? O que Ele tem dito?

Versículo-Chave

"Portanto, deixemos os ensinos elementares a respeito de Cristo e avancemos para a maturidade, sem lançar novamente o fundamento do arrependimento de atos que conduzem à morte, da fé em Deus, da instrução a respeito de batismos, da imposição de mãos, da ressurreição dos mortos e do juízo eterno."

Hebreus 6:1-2

Oração

Separe um momento para compartilhar necessidades e pedidos para a oração final. Informe ao grupo que o momento de oração iniciará com alguns minutos de silêncio para que os participantes falem individualmente com Deus sobre o que Ele possa estar lhes revelando.

Para a Próxima Discussão

A fim de se preparar para o próximo estudo dirigido, leia os capítulos 13, 14, 15 e 16 de *O Deus Que Eu Não Conhecia*.

Sessão 6 – Aquele Que Dá
(Capítulos 13, 14, 15 e 16)

Introdução

A Palavra de Deus ensina claramente que o Espírito Santo dá aos cristãos aptidões e habilidades, ou "dons espirituais" para que edifiquem uns aos outros e avancem o reino de Deus. Há pouco debate sobre isso, mas ao longo dos anos, e especialmente durante o século passado, surgiram discórdias sobre alguns dos dons espirituais listados na Palavra de Deus. Muitos cristãos creem que alguns dos dons espirituais foram providenciados apenas para ajudar a alavancar o lançamento do cristianismo, enquanto muitos outros creem que todos os dons permanecem operando plenamente hoje.

O autor de *O Deus Que Eu Não Conhecia* se inseriu no primeiro grupo, até que um dos dons "temporários" se manifestou em sua própria vida. Agora ele crê com todo o coração que "um Deus bom e amoroso projetou esses dons expressamente para o nosso benefício e para nos abençoar. É uma tragédia o fato que muitos dos Seus filhos tenham rejeitado esses dons. Essa rejeição entristece o Espírito Santo e trava o corpo de Cristo".

Seja qual for seu passado, estude esta sessão com o coração e com a mente abertos e seja amável e respeitoso com qualquer participante que discorde de você. Os conceitos apresentados aqui podem afirmar aquilo em que você já crê ou podem ajudá-lo a ganhar maior entendimento e estima por aqueles cristãos cuja opinião é diferente da sua.

Independentemente da sua visão sobre o assunto, a triunfante mensagem desses capítulos é que "se você se abrir completamente para o Espírito Santo, Ele lhe dará o que você necessita quando você precisar. Peça que Ele manifeste agora Seus dons através de você *'conforme Ele quer'* para o *'bem comum'*".

Reflexão e Discussão

1. Quando você ouve a palavra *carismático* relacionada à fé cristã, o que vem à sua mente? Como o autor distingue estereótipos culturais e o significado bíblico desse termo?

2. No idioma original do Novo Testamento, o termo *charismata* significa "dons da graça", particularmente em referência aos dons espirituais dados aos crentes pelo Espírito Santo. Com suas palavras, defina *dom espiritual*. Dons espirituais são exclusivos para pastores, evangelistas e outros obreiros cristãos? Qual é o propósito geral pelo qual esses dons são dados aos cristãos?

3. Robert apresenta exemplos do que ele chama de dons de discernimento do Espírito, que incluem uma palavra de conhecimento, discernimento de espíritos e uma palavra de sabedoria. Explique brevemente o que cada dom é, o que *não* é, e como seu uso responsável pode abençoar outros no corpo de Cristo.

4. Você consegue imaginar formas como os dons espirituais acima podem ser usados *irresponsavelmente* por cristãos egocêntricos? Quais consequências negativas desse uso impróprio podemos prever?

5. No capítulo 15, Robert discute sobre os dons declarativos do Espírito. Isso inclui mensagens de encorajamento, mensagens em línguas desconhecidas e interpretação de línguas desconhecidas. Com suas palavras, explique brevemente cada um desses dons espirituais e como seu uso correto pode edificar e abençoar o corpo de Cristo.

6. Se você não exercita o dom de falar em línguas desconhecidas, a forma como o autor lidou com esse assunto no capítulo 15 abriu sua mente para a viabilidade desse dom nos tempos modernos?

Por que ou por que não? Você gostaria de colocar essa manifestação particular do Espírito diante do Senhor em oração?

7. O capítulo 16 explora o que Robert chama de dons dinâmicos do Espírito, que incluem a fé (confiança sobrenatural nas promessas e na provisão de Deus), curas e milagres. Defina cada um desses dons espirituais. Como o Espírito Santo pode usar cada um em sua vida para ministrar a outros?

8. Enquanto 1 Coríntios 12 lida extensivamente com dons espirituais, o apóstolo Paulo continua após esse capítulo com seu famoso discurso sobre qual assunto em 1 Coríntios 13? Que mensagem importante você acha que Paulo está transmitindo sobre nosso uso de dons espirituais?

Versículo-Chave

"Pelo Espírito, a um é dada a palavra de sabedoria; a outro, a palavra de conhecimento, pelo mesmo Espírito; a outro, fé, pelo mesmo Espírito; a outro, dons de cura, pelo único Espírito; a outro, poder para operar milagres; a outro, profecia; a outro, discernimento de espíritos; a outro, variedade de línguas; e ainda a outro, interpretação de línguas. Todas essas coisas, porém, são realizadas pelo mesmo e único Espírito, e ele as distribui individualmente, a cada um, conforme quer."

1 Coríntios 12:8-11

Oração

Separe um momento para compartilhar necessidades e pedidos para a oração final. Certifique-se também de orar para que um espírito de amor triunfe sobre quaisquer discórdias que possam ter surgido durante a discussão e que Deus esclareça quaisquer confusão e dúvidas que possam permanecer no coração dos membros do grupo.

Para a Próxima Discussão

A fim de se preparar para reflexão e discussão da próxima sessão, leia os capítulos 17, 18, 19 e 20 de *O Deus Que Eu Não Conhecia*.

Sessão 7 – A Linguagem da Amizade
(Capítulos 17, 18, 19 e 20)

Introdução

Não há dúvidas: Os dons espirituais de falar e orar em línguas desconhecidas têm causado medo, discórdia e confusão em meio aos cristãos por décadas. Com certeza, existem cristãos muito amorosos, autênticos, eficazes e cheios do Espírito nos dois lados dessa questão, e 1 Coríntios 13-14 deixam claro que a última coisa que o Senhor quer é que façamos julgamentos ou divisões por causa desses assuntos.

Como o assunto tem causado muitas incertezas e confusão entre os crentes, Robert dedica quatro capítulos inteiros para examinar o tópico. Ao ler esses capítulos, você não terá dúvidas acerca do ponto de vista dele sobre os dons espirituais. E mesmo que a opinião dele se alinhe ou não com as suas crenças ou experiências passadas, você verá que Robert se esforça para apresentar e para sustentar a sua perspectiva com calma, amor, de forma justa e manejando as Escrituras com integridade.

Ao processar o que foi apresentado, peça ao Espírito Santo que verifique ou que esclareça Sua verdade e Sua vontade. Ouça Sua voz com coração e mente abertos para o que Ele tem guardado para você.

Reflexão e Discussão

1. Qual foi sua reação à história de Jack Hayford no início do capítulo 17? Em sua opinião, o "famoso cristão" reagiu como Jesus teria reagido? Como seria uma resposta mais amável e saudável?

2. Robert escreve: "Creio que uma das maiores tragédias da história da igreja, nos últimos cem anos, tem sido a forma como satanás, o inimigo da igreja, tem tornado esse dom em especial tão controverso e, com sucesso, feito grandes segmentos do corpo de Cristo relutantes a abraçar *quaisquer* das capacitações do Espírito Santo. Eu sei disso, porque eu era um deles". Estando o autor correto sobre o papel de satanás neste assunto, por que você acha que o diabo tem armado essa estratégia? Você concorda que essa controvérsia

tem tornado muitos crentes relutantes a aceitar a obra do Espírito Santo? Você ou alguém que você conhece tem perdido a plenitude do Espírito Santo por causa dessa questão desagradável?

3. Explique as diferenças entre o *dom* de línguas e a *graça* de línguas. (Para revisar, ver o capítulo 17).

4. Robert alerta sobre como alguns crentes tem desenvolvido "uma obsessão rígida com 'a evidência inicial do falar em línguas' como sendo o único indicador válido do batismo do Espírito Santo". Por que essa ênfase é uma má interpretação do ensinamento bíblico? O que você acha que são um dos perigos práticos e espirituais dessa obsessão?

5. Leia 1 Coríntios 14:4-19 em voz alta. Com suas palavras, resuma a direção de Paulo acerca de falar e de orar em línguas em ambientes públicos e particulares.

6. Paulo escreve em 1 Coríntios 14:4 o seguinte: "*Quem fala em língua a si mesmo se edifica, mas quem profetiza edifica a igreja*". O que o termo *edificar* significa para você? Paulo está dizendo "Não fale em línguas"? Descreva o equilíbrio que Paulo está propondo.

7. Se você fala e/ou ora em línguas, você se identifica com a experiência e o conselho do autor sobre como receber esse dom? Compartilhe sua experiência. Se você não ora nem fala em línguas, o que passou pela sua mente e pelo seu coração enquanto lia o relato do autor juntamente com os versículos apresentados? Você está aberto para esse dom se Deus realmente o tem guardado para você?

8. O autor escreve: "Você pode confiar Nele. Como Tiago nos diz: '*Toda boa dádiva e todo dom perfeito vêm do alto, descendo do Pai das luzes, que não muda como sombras inconstantes*' (1:17). Se já houve um dom bom e perfeito que desceu do Pai, esse dom é o Espírito Santo. Ele é bom. Ele é perfeito". Todo dom espiritual é um dom bom e perfeito que vem do alto? Enquanto você processa os conceitos apresentados nesses capítulos, o que Deus está lhe dizendo sobre Ele, Seu Espírito e sua jornada com Ele?

Versículo-Chave

"Tudo seja feito para a edificação da igreja. Se, porém, alguém falar em língua, devem falar dois, no máximo três, e alguém deve interpretar. Se não houver intérprete, fique calado na igreja, falando consigo mesmo e com Deus... Pois Deus não é Deus de desordem, mas de paz."

1 Coríntios 14:26-28, 33

Oração

Separe um tempo para compartilhar necessidades e pedidos para a oração final. Informe ao grupo que o momento de oração iniciará com oração em silêncio. Durante esse tempo, encoraje os participantes a colocarem quaisquer dúvidas, confusão ou lutas acerca do conteúdo desta sessão diante do Senhor e a confiarem Nele por respostas.

Para a Próxima Discussão

A fim de se preparar para a reflexão e para a discussão da próxima sessão, leia o capítulo 21 de *O Deus Que Eu Não Conhecia* e faça uma revisão dos pontos que você observou nos capítulos de 1 a 20.

SESSÃO 8 – SEU NOVO MELHOR AMIGO (CAPÍTULO 21)

Introdução

O Deus Espírito Santo está disponível para todos os cristãos. Ele é nosso ajudador e amigo, um companheiro presente que nos capacita diariamente a tomar decisões melhores e a honrar a Deus com a nossa vida. Ele deseja ser seu novo melhor amigo. Tudo que você precisa fazer é pedir com fé, crendo que Deus Pai e Deus Filho cumprem Suas promessas.

- Eles fazem e farão!
- Que presente incrível! Simplesmente, peça, receba, desembrulhe e aproveite.
- Sua vida nunca será a mesma.

Reflexão e Discussão

1. Após compartilhar a história do pobre homem que cruzou o oceano e ficou sem fazer refeições porque não sabia que tinha direito a elas, Robert escreve: "Jesus enviou o Espírito Santo como um presente maravilhoso – melhor do que ter o próprio Jesus conosco na Terra – e o preço pago por Sua presença em nossas vidas foi totalmente pago por Jesus na cruz. O Espírito Santo veio com todas as outras incríveis bênçãos da salvação. No entanto, alguns crentes nunca receberam nem desembrulharam o presente. Ao invés, vivem um cristianismo de queijo-e-biscoito. Perambulam por este mundo sem poder e desprovidos da riqueza da presença de Deus, consolando-se com o pensamento de que o Céu espera por eles". Você conhece pessoalmente cristãos quem vivem da forma que o autor descreve? Sem citar nomes, o que, na vida deles, mostra que talvez não tenham recebido o maravilhoso presente da plenitude do Espírito Santo?

2. Jesus diz: "*Se vocês, apesar de serem maus, sabem dar boas coisas aos seus filhos, quanto mais o Pai que está no céu dará o Espírito Santo a quem o pedir!*" (Lc 11:13). O que as palavras de Jesus nos dizem sobre o desejo de Deus de que todo cristão seja cheio com o Espírito Santo? De acordo com esse versículo, como alguém recebe o Espírito Santo?

3. Robert afirma: "experimentar Seu poder e Sua presença realmente é tão simples como pedir e receber. Nosso Pai celestial tem alegria e prazer em dar o Espírito Santo àqueles que pedem. Assim como a experiência da salvação, o batismo no Espírito Santo é um dom gratuito do Pai que podemos receber pela fé". Por que você acha que tomar posse de um dom importante como esse não é mais complicado do que simplesmente pedir e receber? Se você ainda não recebeu o batismo no Espírito Santo, há alguma coisa o impedindo de pedir a Deus e de receber esse maravilhoso dom gratuito hoje?

4. No capítulo 21, Robert nos lembra de alguns benefícios e bênçãos recebidos através da amizade com Espírito Santo. Ao revisá-los, quais são especialmente bem-vindos em sua vida hoje? Por quê?

5. Ao examinar os últimos capítulos de *O Deus Que Eu Não Conhecia*, o que você identificaria como suas descobertas mais importantes sobre a pessoa e a obra do Espírito Santo? Por que são importantes para você?

6. O que Deus tem falado a você durante este estudo? Existe alguma área da sua vida em que você aprendeu a confiar Nele mais do que antes? Como resultado de ler as Escrituras e o livro, o Espírito Santo encorajou você a tomar alguns passos novos na sua jornada espiritual?

Versículo-Chave

"Se vocês, apesar de serem maus, sabem dar boas coisas aos seus filhos, quanto mais o Pai que está no céu dará o Espírito Santo a quem o pedir!"

Lucas 11:13

Oração

Peça ao grupo que apresente suas necessidades e seus pedidos para a oração final. Diga-lhes que, como foi feito nas sessões anteriores, os primeiros minutos serão de oração silenciosa para que cada um possa falar particularmente com o Senhor sobre seu relacionamento com o Espírito Santo.

Daqui Em Diante

Agora é hora de aproveitar seu relacionamento com seu novo melhor amigo, Deus Espírito Santo. Você pode contar com Ele! Caminhe ao lado Dele e tenha prazer em Seu conselho.

Agradecimentos

Eu gostaria de agradecer às seguintes pessoas:

- Debbie, minha maravilhosa esposa há 31 anos, por ser minha melhor amiga na Terra e por demonstrar essas verdades todos os dias.
- Os líderes, a equipe e os membros da Gateway Church, por receber essas verdades com tanta alegria e andar nelas.
- David Holland, por trabalhar comigo nesse projeto e me ajudar a expressar essas verdades com clareza.
- Judy Woodliff, minha fiel assistente por quase nove anos, que me encorajou a publicar essas verdades e que está com o Senhor agora.

Sobre o Autor

Robert Morris é o pastor titular e fundador da Gateway Church, uma igreja evangelística, capacitada pelo Espírito e com várias congregações na área de Dallas e Fort Worth. Desde seu início em 2000, a igreja tem crescido para mais de dezenove mil membros ativos.

Ele é destaque no programa de televisão semanal *The Blessed Life* (Uma Vida Abençoada), visto em aproximadamente noventa milhões de lares nos Estados Unidos e em mais de duzentos países ao redor do mundo.

Robert é doutor em Letras pela King's University, que é atribuído àqueles que fizeram contribuições substanciais a suas respectivas áreas através de trabalhos publicados. Ele é autor de nove best-sellers, incluindo *Uma Vida Abençoada* e *O Poder das Suas Palavras*.

Robert e sua esposa, Debbie, são casados há mais de trinta anos e foram abençoados com uma filha casada, dois filhos casados e dois netos. Eles vivem em Southlake, Texas.

OUTROS TÍTULOS
DE ROBERT MORRIS

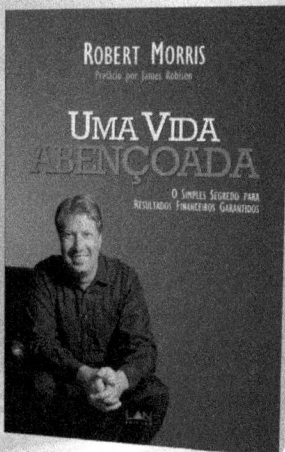

UMA VIDA ABENÇOADA

Descubra a Alegria de Dar — e a Recompensa de Receber

Este livro transformará sua vida para melhor, trazendo resultados financeiros garantidos. E fará mais do que isso — ele mudará todas as áreas de sua vida: casamento, família, saúde e relacionamentos. Você descobrirá que quando Deus transforma o seu coração de egoísta para generoso, todas as áreas de sua vida são afetadas.

O PODER DAS SUAS PALAVRAS

Determine Seu Amanhã através das Palavras que Você Fala Hoje.

O Poder das Suas Palavras levará você a uma jornada de descoberta que vai além do impacto óbvio que as palavras podem causar. Descubra como viver livremente; como comunicar com mais significado; como desfazer o estrago causado pelas suas palavras; e, principalmente, como pausar, ponderar, e orar antes de falar.

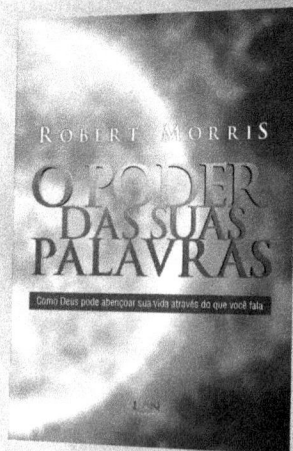